寻找 自己

胡大平 著

中国商业出版社

图书在版编目（ＣＩＰ）数据

　　寻找自己／胡大平 著.--北京：中国商业出版社，2018.9
　　ISBN 978-7-5208-0548-3

　　Ⅰ.①寻… Ⅱ.①胡… Ⅲ.①成功心理—通俗读物 Ⅳ.①B848.4-49

　　中国版本图书馆 CIP 数据核字(2018)第 187218 号

责任编辑：朱丽丽

中国商业出版社出版发行
(100053　北京广安门内报国寺 1 号)
010-63180647　www.c-cbook.com
新华书店经销
天津中印联印务有限公司印制

*

720 毫米×1000 毫米　1/16 开　14.5 印张　190 千字
2018 年 10 月第 1 版　2018 年 10 月第 1 次印刷
定价：48.00 元

****

（如有印装质量问题可更换）

思想是最好的名片

　　身处当前社会转型时期，面对浮躁的人性，思想引领不可或缺。思想是万能的流程，是万能的工具，是万能的标准，是质量的核心，是效率的核心，是文化的核心。思想是行动的指南，思想有多远，我们就能走多远；我们能走多远，就能把人生事业带到多远。

　　一个内心强大的人，才是真正有思想的人。内心强大，表明他对这个世界，对社会，对人生，已经有了一整套比较完整的看法。有思想的人，也是内心强大的人。这样的人，即使身处世俗世界里所谓的逆境，他的内心也是平和的、自信的，且是充满快乐的。因为他的世界不再只是世俗世界，他还有自己独有的完美的内心世界，在这个世界里，他有自己的幸福标准与快乐标准，在这个王国里，他享受着别人无法享受，也无法理解的幸福与快乐。为此完成《寻找自己》一书，帮助你看到

世界的美,帮助你成为内心强大的人!

写书是形成思想体系,是生命绽放,是结缘,是专注自己,是入道修行。《寻找自己》的写作就是这样一个过程。本书分别从生命、人性、内修、梦想、当下、幸福、创业和学习八个方面阐释身心修炼。

感悟生命,要认识生命的脆弱与坚强、短暂与永恒;洞察人性,旨在用正能量滋养心灵;内修于心,需要内心澄澈透明,包容天下;追寻梦想,让人打开心扉,寻找到自己内心的梦想并坚持下去;抓住当下,强调用道对接当下产生的术;感受幸福,需要创造真正的幸福;开创事业,要带着人生修炼的意愿去创业;不断学习,增强对新鲜事物的认识与理解能力。

思想决定一个人。学会思考,让思想成为自己的名片!

目录 contents

第一章 生命

生命之忙乱　3
忙容易积累风险　5
浮躁与宁静　7
人生图形　10
守望灵魂　12
归零，是最大的提升　14
人生"三自"　17
人生三境界　21
真实比"真理"重要　23
"真理"的化身　26
老天天天在检查　29

| 创造生命的奇迹 | 31 |
| 成功者的秘诀——价值观 | 35 |

第二章　人　性

宽　恕	43
赞　美	45
开　心	47
自　由	49
缘　分	51
包　容	53
抱　怨	56
索　取	58
浪　费	60
拖　延	62
能　量	65

第三章　内　修

我是一切问题的根源	69
一切从发愿开始	70
觉察之妙	72
觉察三界	74

三"心"合一	76
爱自己	78
思行并重	81
慎独境界	84
慈悲即智慧	85
喜悦就是能量	87
感恩即修行	89
格局	90
默行	92
真善美是最好的道场	94

第四章 梦想

梦想的力量是无穷的	99
没有梦想,一定有借口	101
心在梦在	103
单纯产生梦想	104
个人可以改变世界	106
潜能是能量,你只是管道	108
让本能与本质相遇	109
相信是种能力	110
野生与圈养	112
两点之间是经典	114

度的把握 | 116

第五章 当 下

放下是空间 | 121
大梦与小做 | 122
放下到处都是 | 124
拿起，才是真正的放下 | 125
当下即过程 | 127
生命的质量从当下开始 | 129
抓住当下，赶紧去做 | 130
当下有术 | 132

第六章 幸 福

幸福的尺子 | 137
这样去爱 | 139
担当产生伟大 | 141
理解的作用 | 142
付出即境界 | 143
看开了，就没事了 | 145
无常即平常 | 146
有一种迫害叫溺爱 | 148

养育孩子的幸福	150
伴侣之间的幸福	153
感悟父母大爱	155

第七章　创业

创业者的思想沙盘	161
归零即归宿	163
境界就是竞争力	165
输不起，已经输了	166
普世价值	168
创业者的标准	169
创新七要素	171
你的成本有多高	172
用人性与世界对接	175
修行是创业的基础	177
修行两重天	178
真正的循环，是与天地在一起	179
发愿，更显王者风范	180
沟通与管理	182
管理时间	185
细节与全局	186
价值与价格	189

| 原则与灵活 | 191 |
| "抓"事物不是控制 | 194 |

第八章 学习

为学日益，为道日损	199
好奇是学习的动力	200
"为什么"是个好工具	202
学习，是为了活命	203
理论才能占领制高点	204
文化与资本	206
闻思修：学习三缘分	207
一书一世界	208
读书改变气质	209
教育之旅	211
别让知识牵绊你	213
学习"无为"的智慧	215

后记 217

第一章 生命

生命只有一次,它是宇宙中最宝贵、最值得珍惜的。生命既是脆弱的,也是顽强的;生命既是短暂的,也是永恒的。因此,感悟生命,要认识到生命忙乱之害,在浮躁中获得一份难得的宁静,完善"方圆并用"的生命图形,守望有价值的生命灵魂。 适时"清零"以重新开始,追求人生的自由、自然、自在,达到回归自然、山水一体的人生至高境界。用自己的内心去感知真理,建立自尊自信的荣辱观,创造生命的奇迹,树立正确的价值观。感悟生命,就是将生命的存在作为一种希望,希望脆弱的生命坚强,希望短暂的生命永恒。

生命之忙乱

生命是什么？这是一个很深奥很富有哲理的问题。正因为深奥，很多人不解其意，常常处于忙乱之中。忙来忙去，究竟在为谁打工、为谁辛苦？因为不了解自己，生命就谈不上价值。这是非常重要的人生问题。这个问题不解决，生命永远都处在不能自由的状态。

生命中的人和事，常常不是均匀而规律地分布在人生的时间轴上，或许很长时间都平淡无奇，而在某些短短的时间区域内，挤满了各种人、许多事；在那些人事拥挤的日子里，常常让人应接不暇，措手不及，手忙脚乱。我们总是在倡导环保低碳之类的事情，其实我们最应该倡导与营造的是有序的生活和正常的成长，在人生不同的阶段完成不同的任务，这样才能长幼有序，怡然自得。

忙乱与思想不清晰有直接关系。比如现实中有太多忙乱的人，甚至连最普通的日常生活如起床、穿衣、吃饭、上班、下班、睡觉都乱了套，饭不应时、黑白颠倒，过劳地忙、超时地忙，年复一年，周而复始，而来不问自己一声到底在做什么，为了什么而做这些。一天的日子过乱了，我们看得见、摸得着，应该有所警觉；一个星期的日子过乱了，我们感觉到有些不适甚至疲惫，应该做出调整；而一生的日子过乱了，我们却无能为力。其实，要想过好一生，就从过好每一个星期开始；要想过好每一个星期，

就从过好每一天开始。

这是一个快节奏的时代,快餐、快递、快客、快艇,就连感情也可以越来越忙乱,那么随意、那么速食。整个世界像是一部庞大的机器在高速运转着,甚至来不及思考与回味。人人都说"忙乱",这两个字成了这个时代的诅咒。人生要把握好自己的节奏,如果节奏慢了,则滋生懒惰、彷徨;如果节奏过快,则滋生浮躁、忙乱。如何把握节奏呢?首先要了解自己,知晓自己,戒贪、戒比较、戒自私;接着拥有梦想且努力而行,努力后,其他交给自然来解决。担忧未来过多就会痛苦在当下;遇到问题,不要逃避,不要懒,直接一步步解决,保持一颗安定的心,一切自然会来。

德国有一句谚语说:"静中蕴藏着力量。"心静,才能头脑清醒,行动敏捷。无论外界如何喧嚣,我们要做到淡定,先静下来,然后享受它。在面临计划外或紧急事件时,就可以以静制动,抓住要点。生命的品质应该是轻轻松松的,而不是匆匆忙忙的。这是一种生活智慧、一种人生智慧,更是一种生命的智慧!

【大平心语】

生命之忙乱:没有目标,到处乱跑;没有标准,拼命判断;没有智慧,不断指挥。

忙容易积累风险

很多人，事必躬亲，忙忙碌碌。殊不知，这种情况会累积诸多风险！

忙碌的生活，使你必须要考虑别人的眼光，承担社会的期待，于是，凡事亲历亲为，去应对可能发生的所有问题。这样一路忙下来，容易忽略团队，容易丢失战略，容易陷入细节，容易影响家庭，容易损坏身体，容易迷失自己。

忙，容易忽略团队。公司里的同事长期依赖于你，已经丧失了他们自己独立自主的能力，遇到问题根本不知道从何下手，仍像以前一样，大事小事都去问你。而随着岁月的流逝，你再也没有更多的时间与精力为大家处理问题了，你才感慨自己当初应该给予手下充分锻炼的机会。

忙，容易丢失战略。没总体规划的人，他们忙，他们累。他们懒于去想自己为什么这么忙，懒得想如何改变生活的状态，懒于计划下一步。其实，这是用战术上的忙碌掩盖战略上的懒惰。计划好，再奔跑，别懒于思考，懒于规划。否则，最后或许除了疲惫什么都得不到。

忙，容易陷入细节。生活中，我们忙碌地做各种事，常常会忽略很多东西，因为生活的忙碌，就在有意无意间遗漏了很多有价值的东西，有些我们可以挽回，而有些却永远无法挽回。不要让生活留下太多的遗憾。

忙，容易影响家庭。当你每天辛苦忙碌的时候，你是否知道孩子是父

母生命的延续？假如你事业有成，但对孩子教育失败了，你的事业有成能弥补孩子教育的失败吗？不能以工作忙为借口影响了家庭的和谐。

忙，容易损坏身体。每天都从这里跑到那里，做了这件事赶快做那件事，而有时候一件事情还未做完时，新的、多的、大的事情又接二连三地来到面前。这种状况如果不多时，兴许还能够接受。如果长期如此，天天忙个没完没了，脾气会逐日成长，心情也会随之变得郁郁寡欢。更为严重的是，这些叠加后会对身体健康构成巨大威胁。

忙，容易迷失自己。林林总总的俗务总是会让你的思想变得凌乱不堪，没有了思考，没有了深思熟悉的思维，脑子常常会是一片空白，往往什么也记不起来。如果我们的俗务少一些，再少一些，不再那么忙，这会激发大脑细胞变得活跃，有更多的时间去思考一些关于生活、工作和人生的事情。如果方向正确、方法得当的话，还会产生有深度的感想和感悟。

无休止的忙碌，说明被人和事所控制。也许有人会说，我确实有许多事情要做，无法分身。但即使如此也应该好好想一下到底该追求些什么。别忘了，很多时候，别人眼里的幸福，或者我们以为的幸福，其实都是在饮鸩止渴。

《菜根谭》中有一句话说："天理路上甚宽，稍游心，胸中便觉广大宏朗；人欲路上甚窄，才寄迹，眼前俱是荆棘泥涂。"这话一点没错，再一次提醒我们：究竟为了什么忙碌？又该忙些什么？

【大平心语】

盲目的忙碌，是积极的麻木、动态的死亡。

浮躁与宁静

非淡泊无以明志，非宁静无以致远。

在我们的心灵深处，总有一种力量使我们茫然不安，让我们无法宁静，这种力量叫浮躁。什么是浮躁？浮躁就是与现象在一起，脱离本质。浮躁深植在我们心灵的最深处，我们的人生因浮躁而虚浮乃至肤浅、平庸。浮躁是成功、幸福和快乐最大的敌人。从某种意义上讲，浮躁不仅是人生最大的敌人，而且还是各种心理疾病的根源，它的表现形式呈现多样性，已渗透到我们的日常生活和工作中。可以这样说，我们的一生是同浮躁斗争的一生。

我们常常心不在焉，我们常常坐卧不宁，我们常常没有耐心做完一件事，我们常常计较自己的得失，我们常常感到身心疲惫，我们常常急于成功……我们到底是怎么了？原因很简单，是我们太浮躁了。

浮躁常常表现为：心浮气躁，朝三暮四，浅尝辄止；自寻烦恼，喜怒无常；焦虑不安，患得患失；东一榔头西一棒槌，既要鱼也要熊掌；这山望着那山高，静不下心来，耐不得寂寞，稍不如意就轻易放弃，从来不肯为一件事倾尽全力，等等。比如看书，书在眼前像梦境一样凌乱难

懂,即使强迫自己看下去,意识也只是在字面上一掠而过,什么也没记住,心思根本不在书上。也就是说,只是具备了一个看书的姿态和形式,实际效果其实等于零。浮躁往往会使你烦躁难耐,任何事情都会让你大动干戈。好事来了,往往会兴奋得难以自制,甚至得意忘形。但如果有坏事来临,便立刻坠入痛苦的万丈深渊,痛不欲生,仿佛世界末日来临一样。

做学问也好,办企业也罢,都来不得半点浮躁。一个人浮躁,结果是个人受损;一个企业浮躁,结果是企业破产。只有静下心来踏踏实实做事,回归自我,找到事物的本质,按照规律办事,才不会被浮躁所左右。"不以物喜,不以己悲"说的就是这个原理。

我们所处的世界,车水马龙、霓虹闪烁、香车美女、别墅洋楼、鱼翅燕窝、鲍鱼熊掌……在这样一个充满诱惑的时代,面对这一切,人们便不能自己地浮躁起来。似乎我们什么都想得到,似乎这些在我们心中是最美的。但我们的心灵呢?我们应该让她安静下来,还她美丽。

我们不妨来看看下面这个故事:

三伏天,禅院的草地枯黄了一大片。"快撒些草籽吧!好难看啊!"徒弟说。"等天凉了,"师傅挥挥手,"随时!"中秋,师傅买了一大包草籽,叫徒弟去播种。秋风突起,草籽飘舞。"不好!许多草籽被吹飞了。"小和尚喊。"没关系,吹去者多半中空,落下来也不会发芽,"师傅说,"随性!"撒完草籽,几只小鸟即来啄食,小和尚又急。"没关系!草籽本来就多准备了!吃不完!"

师傅继续翻着经书,"随遇。"半夜一场大雨,弟子冲进禅房:"这下完了!草籽被冲走了!""冲到哪儿,就在哪儿发芽!"师傅正在打坐,眼皮抬都没抬,"随缘!"半个多月过去了,光秃秃的禅院长出青苗,一些未播种之院角也泛出绿意,弟子高兴得直拍手。

师傅站在禅房前,点点头:"随喜!"

在这个故事中,徒弟的心态是浮躁的,常常为事物的表象所左右,而师傅的平常心看似随意,其实却是洞察了世间玄机后的豁然开朗。

烦恼都是自找的。每个人都曾有过烦恼或正在经历烦恼,事实上,这些烦恼都是我们自找的。一个浮躁的人往往乐于自寻烦恼。你可以寻找甜蜜的爱情,你可以寻找美好的生活,但你绝不可以自寻烦恼。

每个人都有七情六欲和喜怒哀乐,烦恼也是人之常情,是人人避免不了的。但是,由于每个人对待烦恼的态度不同,所以烦恼对人的影响也不同,通常人们所说的乐天派与多愁善感的人之间有明显的区别。乐天派的人一般很少自找烦恼,而且善于淡化烦恼,所以活得轻松,活得潇洒;而多愁善感的人喜欢自找烦恼,一旦有了烦恼,忧愁万千,牵肠挂肚,离不开,扔不掉。生气是在惩罚自己;浮躁的人常为一点点小事而生气,其实生气是人对自己施的一种酷刑,这种酷刑使自己越来越快地衰老,严重地损害了自己的健康,生气也导致了许多悲剧的发生。人生虽然短暂却是美好的,我们实在不该成为扼杀自己人生的刽子手。

最后请记住:浮躁是人生最大的敌人,无论你要获取幸福快乐,还是

要获取成功,你都必须拭去心灵深处的浮躁。

【大平心语】

浮躁是因为和现象在一起,宁静是因为和真相在一起。

人生图形

人可以有很多种图形。有的人是三角形,有的人是四方形,有的人是圆形。如图 1 所示。

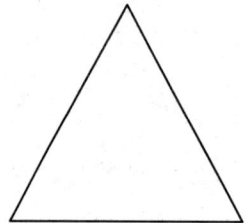  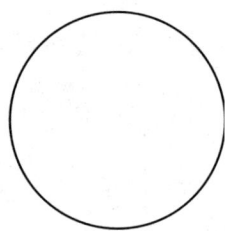

图 1　人生图形——三角形、四方形和圆形

不同图形,代表不同的处事方式,不同的处事方式有着不同的人生结果。

三角形的人,满是棱角,尖酸刻薄。指头永远指向别人,从来不在自己身上找问题。当指头戳伤别人的血肉之躯时,还会翻过来指责对方伤害了自己。这种类型的人,惧怕变化,逃避现实,自我保护,警惕性强。但也因此自我封闭,长时间生活在黑暗与恐惧当中。在外人看来他们性格刚烈,实际上胆小如鼠,不过有时候为了自我保护,也会出现不同程度的暴力倾向，包括行动暴力和思想暴力。心理学上说的"双相情感障碍"与"抑郁症"，多半是三角形的人。这种人的人生，感性而敏感，爱记恨，而且生活中时常劳累奔波。毫不客气地说，三角形的人，活着就是活受罪。

四方形的人，条条框框比较多，喜欢讲大道理，自我优越，有完美主义情结。一般而言，技术型人才与专业性人才，还有区域理论学者，是四方形的人。在事务的处理上，热衷用理论与公式、标准与教条来做指导。这种人表现得自信满满，实际上是通过自己的专长来掩盖自己的不足，有自卑的成分，是一个强烈反应的矛盾体；这种人有时候彬彬有礼，有时候霸气外露；这种人多半矜持虚伪而又自恋，喜欢独树一帜；这种人还表现出固步自封，不愿改变现状，求稳不求快，求小不求大，求眼前不求长远，求内部不求外部。

圆形的人，比较圆润，处事大方，不斤斤计较；慈悲智慧，先舍后得，人脉宽阔，是领导力中心。这种人，表面看常常吃亏，被忽悠，被误以为愚蠢，实际上大智若愚，思维与角度异于常人，思想格局极高。再有，这种人的使命感强，多半是"吃得苦中苦"，最后成为"人上人"。

人生图形形象地说明人的某种状态，它的意义在于：做人要方圆并用，外圆内方才是境界。方，是一种做人的原则；圆，是一种处世的智慧。如果做人只圆不方，是一个八面玲珑、滚来滚去的"〇"，未免过于圆滑世故；如果做人只方不圆，是一个四处棱角、静止不动的"□"，那就会寸步难行。只有方圆并用，外圆而内方，人生才会如鱼得水。

开悟才是人生中最重要的事！"方圆并用"是对生命的完形。生命，

是一场轮回，起点就是终点，终点就是起点。生命的轨迹，就是一个圆。生命圆满，是一种人生的期许。现实中，我们难免遇到磕磕碰碰、曲曲折折，因为这些，圆的轨迹，就出现了缺口。这些缺口的存在，就是一种伤痛。比如：单亲家庭的孩子，容易有缺口；感情不顺，容易有缺口；从小挨欺负，容易有缺口；小时候因为某事某物，有惊吓的经验，容易有缺口。很多人没有意识到，继续带着缺口向前，伤痛就会出现，甚至恶化。这种伤痛的出现，有时是条件反射性的，是潜意识的。只有通过觉察，找到缺口，正视它们，补全这些缺口，我们才会渐渐圆满。

【大平心语】

人生最大的悲哀，是欺骗自己。

守望灵魂

灵魂，是身体的本源。守望灵魂，就是守望有价值的生命。

灵魂是人在成长过程中所接受的文化、习惯、信仰等信息认知而凝聚成的个人品质。灵魂依附于这个生命个体，然而在欲望的驱使下，灵魂常常不服从管理，飞出身体，恣意妄为。这是一个人自我意识、道德品质的迷失。

我们生活的空间，是一个三维物质世界，加上时间这一维，就是我们常说的四维世界了。而那个物质多维，我们可以实现前进、后退等的可逆性，唯有时间一成不变地向前走着。

一只小虫子在一个不能回头的玻璃管里前进，它能做的事情就是向前走；当它处在一个平面上时，它便习惯性地只能向前走了。一只倒扣的玻璃杯下扣着一只跳蚤，时间长了，它便只能在里面爬来爬去，再也不会跳了；等它到了大自然中，同样只会爬了。

习惯了一维世界的单向运动，不会再有多向的选择；而习惯了平面生活，也不再有立体空间的思考。当人类在时间面前无可奈何时，我们是不是也已经习惯了它的一成不变？或许，将时间定格的方法就在我们身边，而我们却不知道。

更多的时候，灵魂是在深切地感受着生命。比如，身体出现病变，灵魂需要承受折磨，告诉自己"身残志坚"；当欲望得不到满足，灵魂就会出来喃喃自语"色即是空、空即是色"。但是，如果一个人的灵魂不再感受生命，就说明这个人的自我意识已经迷失了。

有一个年轻女子，经常来一个男人的单位门前骂人。据知情人说，她因为这个负心男人的背叛而导致精神失常。她的目光，无神、散漫，常常盯在某个根本没有人的地方不停地骂着："臭男人，狐狸精！"

这个年轻女子的魂儿已经跟着那个男人走了,留下来的,还算是她自己的灵魂吗?

生命个体的基本要求肯定会有差异,但灵魂对生命的感受没有区别。想当国家主席与想当生产队小队长的区别只在于目标,过程都是一样的,都是灵魂的守望。平凡人为一日三餐而睡不好,上流人士同样也会为某种目标而整夜不眠。生命个体的表现有所区别,而灵魂承受的痛苦没有轻重。一个坚守阵地的灵魂,一定在为生命打工。

我想着上面这些,在院中踱步。这个初春的夜晚,清风夜唱,月色弥漫。不知道过了多少时候,突然听到夜飞的鸟在头顶上空啼鸣而过,心里一下子温暖了起来。

还好,我的魂儿还在。

【大平心语】

离灵魂最近的,是痛苦。我们的灵魂跑在后面,身体在前面打拼,一定是很痛苦的。有些人不觉得痛苦,是因为境界上去了。

归零,是最大的提升

框框,是我们人生悟道过程中的关键词。框框限制了我们的思维与行动,破除框框,是必修课,是极具挑战性的课堂。破除框框,不是一种结果,而是一种过程。

框框,有时间的框框、空间的框框、思维的框框、标准的框框、价值观的框框,等等。一个人跟集体成长,需要破除很多的框框。"破茧成蝶"讲的就是这个道理。于是,很多人都在寻找自己的"茧",想方设法通过技术定量的方式丈量"茧"的厚度,想方设法通过定性的方式来设定"茧"的性质,而后又冥思苦想如何"破茧",是先上下,还是左右;是从内往外,还是从外入内。小有收获,就沾沾自喜;稍有反复,就自叹不如。这种冰火两重天的境地,是很多初步修炼者的困惑。

其实,心里有框,是框框;心里总想着破除框框,也是框框。心中无框,框从何来?在这种情况下,归零,才是最好的破除框框,才是最大的提升。

取得成功时要有归零心态。成功对任何人都是值得高兴和庆幸的,这是人之常情。然而,一味沉浸在喜悦里,就会被胜利冲昏头脑而不能自拔,故步自封,从而葬送自己的大好前程。归零心态能够帮助我们找准人生的坐标,归零心态能够帮助我们工作取得更大成就。当工作取得成绩时,绝不能沾沾自喜居功自傲,要充分认识到你还是你,今后还得踏踏实实地干好一切,学会抛却经验,立足于本职工作,在更高的起点上,做一名优秀员工。归零心态能够促进技术的发展和进步。技术创新时,归零的心态就是空杯,谦虚的心态就是重新开始,在更高的起点上,扎扎实实做好每一个具体环节的细致工作。因为第一次成功相对比较容易,第二次却不容易

了，原因是不能归零。将过去归零可以不受固有的环境影响和思维的束缚，工作起来可以更大胆、更放手、更容易创新。

遭受挫折时归零心态更为必要。心态归零，可以让一件曾经因为心态失衡导致失败的事情从头再来，不抛弃不放弃，为今后避免失败铺平道路。遭受挫折后，归零心态要求我们将自己心中那杯已长满青苔的死水倒掉，来承接人生过程中新注入的清泉。要认识到只有归零地去对整个状况做通盘了解，才能避免挫折。当心态归零之后，不再和自己较真了，不再和别人计较了，或许会被认为"中庸"，但其实这才是"大智若愚"。韬光养晦，时刻让自己的心态归零，就可以看到另一番景象，就不会被过去的成绩冲昏头脑，也不会被过去的失败迷失方向。丢掉一切烦恼，心情自然就会舒畅。把心态归零就有知足感，就能领略到长乐的真谛。过于看中自己的过去，过去就可能成为包袱，一旦包袱在身，就会增添不必要的负担。生活就是不断地重新再来。不归零，就不能进入新的生活，就不会持续性进步。

人生需要归零。疲惫的时候，就停下脚步，遥想追逐的远方，恢复力量再上路；困惑的时候，就停下脚步，梳理纷乱的思绪，驱走迷茫再上路；痛苦的时候，就停下脚步，抚摸流血的伤口，擦干眼泪再上路；放弃的时候，就停下脚步，振奋精神再上路。

每过一段时间，都要将过去"清零"，让自己重新开始。不要让过去成为现在的包袱，轻装上阵才能走得更远。人的心灵就像一个容器，时间长了里面难免会有沉渣。时时清空心灵的沉渣，该放手时就放手，该忘记的要忘记。扔掉过去的包袱，时时刷新自己，这样必能收获满意的人生！

【大平心语】

越学越无知，越学越谦虚。无知，是因为心有"万物为我师"的求学态度，将自我放空归零，将容量扩大至无限大；谦虚，是因为有福气，有胸怀，有智慧。

人生"三自"

人生追求"三自"：自由、自然、自在。

人生追求自由：一是财务自由，即需要用钱不发愁，有足够的钱养活自己和家人，不需要拼命赚钱；二是时间自由，即需要时间不拥挤，有可以支配的时间用来灵活安排工作、休息和娱乐；三是思想自由，即需要梦想不憋屈，可以跟随自己的内心自由翱翔、放飞心灵。

财务自由重在理财。理财是一种生活的观念和能力的培养，不是你有钱和没钱的差异，事实上财富的差距越来越体现在观念上，也就是思想上的差距，邓小平早在多年前就提出了要"解放思想"，就是要改变过去的认识，改变观念。机会总是留给那些有思想、有目标、勇于尝试、敢于行动的人，而不是总在抱怨、疑虑或有赌徒心态的人。而把握当下机会，就是为未来的发展打下经济基础。很多人只考虑未来的风险，事实上风险无

处不在，不单是理财有风险，不理财也有不断贬值的风险或者事业挫败面对贫困的风险。而风险不单纯在项目本身，而在于你对项目的了解，评估的能力以及对未来趋势的睿智，更在于你的财富配置和承受能力，理财不是赌博，在于你的财富配置，在于你的观念。再好的事情也不会十全十美，再好的机会也不会万事俱备，这个世界本身就充满着问题，而钱都是给解决问题的人赚的！解决小问题赚小钱，解决大问题赚大钱，解决不了问题那只有靠边站。

时间自由强调自由地支配自己的时间。其实，时间是人类唯一的财富。我们来到人世，获得的只是一生的时间；我们离开人世，失去的也只是一生的时间。没有时间，一切皆无意义；时间不归自己掌控，一切的意义都将大打折扣。一个人所有的时间中，自己自由支配的部分越多，他的人生就越自由。每一天、每一月、每一年的时间花在什么地方？如何分配这些时间？应该花时间做哪些事情？这些事情的先后顺序是怎样的？在你认为有价值的事情上，你花的时间足够多吗？在你认为没有价值的事情上，你花的时间足够少吗？这些问题都与一个人的时间自由有关。如果一个人的时间是不自由的，那么他的生命就会浪费在对他自己毫无意义或意义不大的事情上；反之，如果他的时间是自由的，那么他的生命就会释放在他最感兴趣、最关心、最喜欢、最欣赏的人和事情上，也就使得整个生命充满价值。

思想自由强调独立思考、独立判断，拥有自己的观点和价值观，不被别人控制、左右自己的思想。当领导、朋友、名人、陌生人发表一个观点、提出一个看法时,我们是纯粹地接受或一味地反对,还是经过自己的分析、理解,提出自己的观点或保留自己的意见?一个人拥有自己的思维体系非常重要,它是个人价值观的基础,也是指导自己思考、理解、评价、判断、行动、反馈的指导。如果一个人没有自己的思维体系,或是自己的思维体系不完善、比较杂乱,他的行为模式和生存状态就会显得不顺畅、不和谐。如果一个人的思想不是自由的,而是容易被影响、被灌输、被操控的,那么他在创造财富和消费财富时,很可能只是随波逐流而已,看到别人干什么赚钱,自己就去干什么,看到别人买什么自己就去买什么,而这些并不是自己真正想干的、想买的。只有能听清自己内心需求的人,实现财务自由的过程才更和谐,实现财务自由的结果才更舒畅。也就是说,只有实现思想自由的人,财务自由的实现才有意义。

就财务自由、时间自由、思想自由三者的关系来看,思想自由应是财务自由的前提,时间自由则是财务自由的终极目标。思想自由也可称之为心灵自由。你想有财务自由、时间自由,首先就要心灵自由,心灵自由了,才不会感觉人生的累,心灵自由了,每天都是阳光。只要心灵自由了,实现财务自由,也只是时间问题了。

人生追求自然,体现的是道家思想和佛家思想。道家追求与自然即"道"的融合,达到"天人合一"的境界。道家的"天人合一"的思想与佛家的"空性"很相似,都强调个体和宇宙的同一性。首先我们来看看老子的"道"与佛教的"空性"这两个概念的哲学内涵。

宇宙一切事物和现象的根本实相,老子认为是存在于天地之先的"道",

佛教认为是"空性"。如果将老子之"道"与佛教的"空性"放在本体论领域中，则具有更广阔的哲学背景，增添了其相互理解的维度和诠释境域，客观上存在契合或相似之处。这体现了人类思维的深刻统一性。

老子指出："无名天地之始，有名万物之母。"意思是说，宇宙首先从无中创生为有，然后在有的基础上演化为宇宙万物。简言之，天下万物生于"有"，有生于"无"。认识道，老子指出"为学日益，为道日损。损之又损，以至于无为"。即求学一天比一天增加知见，求道一天比一天减少情欲，减少又减少，一直到无为的境地，即达到了道的境地。由此可见，认识道只能由虔诚的修行者在减少情欲的修行实践中来认识。

"空性"指空之自性、空之真理。佛教认为，空性就是依"空"而显之"实性"，是宇宙一切事物和现象的真实本性。佛学的空性概念具有深刻的哲学意蕴，是对一种世界观的高度概括和理论抽象。它反映了佛教的宗教特征。佛学谈空有其特定的宗教目的，就是使人破除对一切事物现象的实在性认识，领悟到世界一切事物现象之后的实相（空性）。

对上述两概念及哲学意蕴进行比较可得出两点。其一，佛学认为"空性"或"空"是宇宙的"实相"，老子认为"道"或"虚空"的"无"是宇宙的"实相"。因此空性（或空）与"道"（或虚空的无）研究的是同一对象，即宇宙的本体，而且两者的含义是相近的，是统一的。其二，佛学的"空性"与老子之"道"，对认知它们的途径或方法是具有一致性的，即只能由虔诚的修行者通过修行实践来体认。总之，"空性"与"道"两概念及哲学意蕴是有一致性的。

人生追求自然，就是追求生活的自然，也就是生活的"道"与"空性"。

那是放眼望去所发现生活中的美好，那是饭后闲庭信步的人文意蕴，那是家人进进出出的平平安安……

人生追求自在强调的是一种解脱，正如佛家所谓"人生如雾亦如梦，缘生缘灭还自在"。人生过于虚幻，有些事情抓不到、摸不着，比如爱情、快乐，有些事情不要强求，比如感情。顺其自然，既拿得起，又放得下，才能更自在。

历史上很多有智慧的人，既拿得起，又放得下。既能入世，也能出世；既能辉煌，也能善后。很多大官功成身退，得以保全性命。多少富商，捐款助人，行慈悲之道，反而更加富有。其实，放下是智慧，是先舍后得。放下是豁达，是天地清明；是留白，是虚怀以待；是腾出空间，以退为进。只有该放下时放下，你才能够腾出手来，抓住真正属于你的快乐和幸福。是一种大度、一种彻悟、一种灵性，是一种生活的智慧。

既拿得起又放得下，才能自在，这应该成为人生的追求。

【大平心语】
自由是财务、时间、思想的自由；自然是与道融合，进入空性；自在是解脱，随心所欲不逾矩。

人生三境界

人生三境界：第一，见山是山，见水是水，山是山水是水，看外相；

第二,见山不是山,见水不是水,入山入水,看内相;第三,见山还是山,见水还是水,出山出水,山水一体,看真相。

这就是说一个人的人生之初纯洁无瑕,初识世界,一切都是新鲜的,眼睛看见什么就是什么,人家告诉他这是山,他就认识了山,告诉他这是水,他就认识了水。这时看山水,山是山,水是水,是看外相。

随着年龄渐长,经历的世事渐多,就发现这个世界的问题了。问题越来越复杂,是非越来越混淆。

这个阶段,人是激愤的、不平的、忧虑的、疑问的、警惕的。这个时候看山也感慨,看水也叹息。山,不再是单纯的山,水,不再是单纯的水。人入山水,被山水所转。

人倘若停留在此阶段,那就苦了。这山望着那山高,不停地攀比,争强好胜,与人比较,永不满足。人外还有人,天外还有天,循环往复。人的生命是有限的,哪里能够去与永恒和无限计较呢?

许多人到了人生的第二重境界,就到了人生的终点。劳碌一生,心高气傲一生,最后发现并没有实现自己的理想,于是抱恨终生。但有些人通过自己的修炼,终于把自己提升到了第三重人生境界。

在第三重人生境界,人便会专心做自己,有自己的中心,享受当下,不与外界做任何计较。在山水和自己之间自由行走,人与山水成为一体,天人合一,回归自然,悟到真相。

【大平心语】

真正的山是自己，要成为空山，可移动的山。

真实比"真理"重要

真理性的认识，基于真实，这个真实是内心感受的真实和客观世界的真实。真理是主客观的统一。统一的程度决定了真理的绝对性的程度。仅仅关注其中的一个方面，我们都会远离真理。

现代科学的使命不是为了探究客观世界的真理，而是真实的知识。真实的知识，就是能够还原事物本来面目的知识。现代科学在缺乏真理的指导下所做的努力，其所得到的真实往往是饮鸩止渴，必将与事物的真相背道而驰。由此可见，科学不是绝对真理的化身，科学真理可以是多元的。而且，由于每个科学理论都有自己独特的解释功能、结构和方式，它们不可能是完全中性的、普适的。这个结论性的论断，虽然寥寥数语，却也不难让我们理解现代科学之于客观真实这个命题。就个体生命而言，如何把握"真理"与"真实"才是最重要的。因此，我们应该注重从个体认知的角度进行探讨。

每个人都有自己的真理，但是，真理是我们认为的真理，我们经常因为真理与他人发生冲突，为了捍卫真理，发生战争。如果我们真实地面对自己，真实地、没有偏见地看世界，这时我们会发现，真理也许是我们自我局限的反射。显然，真理来自内心，需要通过自己去认识。

  人们通常获得知识的办法,确实是通过阅读或听别人讲。但是要想领悟,你则需要通过静静地观察,直接探索进去,然后才能领悟。比如你要建一座桥梁,就必须去研究张力和压力这些东西。但是如果是关于真理的领悟,或者是关于爱的概念、哲学或宗教思想、任何与真实有关的东西,都只能直接探索与体验,而不能进行智力上的解释。真理来自内心。一旦你领悟了,你就可以去表达它,但是这并不意味着听的人就会理解。

  如果你描述一本书或者摩托车或者飞机,就可以理解。这正是智力的功能,它的作用是交流。机械的和物质的东西可以被理解。但是如果试图告诉你真理是什么,爱是什么,你不会完全明白。也许有人知道什么是爱,什么是真实。他可以写一本关于爱和真实的书,你可以去读这本书,而且在智力层面上你能看懂这本书。但是这并不意味着你会因此知道什么是爱,什么是真实。你得通过直接体验来领悟,不能有解释或者思辨。思想或词句不是真实,而是真实的歪曲。

  我们的生活就那么发生了。在生活中,人类真正的需要是简单的,也很容易满足。电视和汽车对于维持生命不是必需的,而且它们确实导致冲突。当你想要这些东西并投入心思去获取这些时,冲突就开始进入生活了。你永远不会满足。人们倾向于生活在迷惑而不是清晰当中。这是破坏性的。从一种迷惑会生出更多的迷惑。但是如果能意识到自己的迷惑,人就可以停下来审视。不要从迷惑中行动,要基于清晰来行动。

  人要懂得生活,懂得伴随生活的那些痛苦、迷惑、冲突。这并不容易。如果人们能够懂得怎么生活,就应该随时观察自己、审视自己,贪婪、羡慕、辛酸、玩世不恭、信仰等。只有随时随地地观察，才能发现真实，才能接近真理。

有句话说"只可意会，不可言传"，说的就是真理与真实的东西。一切真理与真实是本就存在的，没有人能够去创造，只有发现——尽可能地发现当下事物的所有——而发现的方法就是感受。这个感受就是你的"真实"。

真理，是阶段性认知。这就是说，人的认识都是阶段性的，时过境迁加上阅历的丰富，原来的认识就会深化，那时就是另一个"当下"。从这个意义上说，坚持真理是一种固执，因为这个真理是彼时的真理，而非当下的真理。

通过感受自我而发现真理，再通过感受自我来证实真理和发展真理，能悟出生命的真实性，是一条正常的轨迹，是无上智慧。不去探寻生命的真实，连"阶段性"的真理都失去了，这是真正的自我伤害。有人惧怕面对真实，从而使自己的能量不断减少。其实，人只有自己犯错了、吃亏了、被伤害了，才会真正成长。

【大平心语】

做"真理"，比讲"真理"重要。

"真理"的化身

人容易把自己当成"真理"的化身。抱怨和指责就是典型的体现。

抱怨和指责就是不承担责任。每个人要对自己负责,这是成长和幸福的基础和源头。问题是许多人只看到他人的不是,没有发现自己的问题,他们一边抱怨和指责,一边在痛苦里面享受抱怨和指责。他们没有意识到自己在抱怨和指责,他们认为在坚持"真理"。

卡耐基说:"我们应该明白,当我们和他人相处时,面对的不仅仅是真理,要更多考虑的是他人的情感。而批评就是情感的导火索,是一种能导致自尊火药库爆炸的导火索。只有愚蠢的人才会去批评、指责和抱怨他人。"

我们在与人打交道的时候,往往会为所谓的真理坚持自己的看法,却忽略了对方的感受,而让他人为了自己的指责和批评备受伤害。其结果是,事与愿违,适得其反。自己的批评指责换来的是对方更进一步的坚持。因为对方的自尊心受到打击,为了维护他的自尊心,必然要为自己辩护,甚至是强词夺理,竭力反驳。因此,不要随便地批评指责别人。因为我们任何一个人都不是完美无缺的。人类的天性就是做错事只会责备别人,而绝不会责备自己。

据《马太福音》记载,在山上宝训中,耶稣对他的门徒说道:"你们不要论断人，免得你们被论断。因为你们怎样论断人，也必怎样被论断；为什么看见你弟兄眼中有刺，却不想自己眼中有梁木呢？先去掉自己眼中的梁木，然后才能看得清楚，去掉你弟兄眼中的刺。"由此可见，批评指责并非是我们的权利。当我们自身还存在着许多缺点错误时，却不自省，眼睛盯着别人的错误，去指责批评别人。俨然像在捍卫真理，自诩真理的化身一般，对人居高临下。这么做却不自悔，反抱怨别人不虚心认错。殊不知，那不虚心的人正是自己。

大家都知道抱怨和指责没有用，但还是忍不住。为什么会抱怨和指责？

抱怨和指责分成两种：一种是抱怨别人对自己不公平，指责别人；另一种是抱怨环境不好，指责环境。比如，我们抱怨和指责交通堵塞，抱怨和指责雾霾越来越重，抱怨和指责社会上风气不好，抱怨和指责贪污腐败，抱怨和指责有人唯利是图。其实这些抱怨和指责也是因为和自己利益相关，如果跟自己利益不相关，我们不会产生抱怨和指责，顶多只是描述事实。例如，我们不会去抱怨和指责南非的环境太艰苦，因为这些跟我们的利益不太相关。

为什么会抱怨和指责？任何抱怨和指责产生时，会有一个前提：我是对的，别人是错的。当我们想抱怨和指责的时候，都希望有人能知道，要么说出来让别人听，要么写出来让别人看，这样才会觉得舒畅。当我们抱怨和指责别人的时候，我们觉得有优越感，觉得自己更加强大。一旦我们开始抱怨和指责，就会找很多理由来证明自己是对的，别人是错的。就像我们吵架时一样，总是在搜寻各种历史证据来数落对方的不是。这个时候，

我们不会再想到对方的好，就算有人提醒我们，也会被忽略，经常用这样的语气说："虽然他之前对我还不错，但这次他太过分了！我最痛恨这样的人！"一旦有了"但是"，前面的描述都只是铺垫。

再深入一层：为什么会喜欢抱怨和指责？

我们每个人内心都住着"小我"。我们经常听到"我受不了自己了"。其实就是受不了那个"小我"；我们有时候发脾气，控制不住自己了，那个自己就是那个"小我"。如果问一些人，你最大的对手是谁？那些人经常回答"就是我自己"。这个自己就是那个"小我"。比如你认为某个人很淡定，性格也不错，但有时候这个人会大发雷霆，有时候也会觉得孤独无助，这和平时的他很不一样，其实这些都是因为内心有个"小我"。

"小我"的特点就是希望壮大自己。抱怨和指责，就是"小我"用来壮大自己的手段。抱怨、指责可以让我们有优越感，所以"小我"一旦有机会，就会去抱怨和指责。爱抱怨和指责的人，是因为被"小我"占主导地位了，不爱抱怨和指责的人，就是把"小我"控制得很好。如果有烦躁怨恨的情绪产生，想要抱怨和指责时，那一定是"小我"在工作了。

自己是对的，别人是错的。好像自己是在捍卫真理，其实这是"小我"需要证明和壮大自己。事实上，真理从来不需要捍卫，或者说，无论捍卫还是不捍卫，真理就在那里。

知道了本质，如何才能不抱怨和指责？

其实很简单，就是你去观察你的"小我"。一旦你意识到"小我"的存在，它就会减弱，甚至消失。每次当情绪起来的时候，你对自己说："哦！那个'小我'又出现了，我看看它到底想怎样。"

意识到"小我"的存在，就不会再抱怨和指责了。真的这么简单？是真的。如此，你将不再把抱怨和指责当成"真理"的化身！

【大平心语】

人生没有抱怨的权利，只有坚持的权利，坚持了处处是风景！

老天天天在检查

老天天天在检查就是"人在做，天在看"，实际上是在讲主观行为与客观评价的问题。一方面，是在警告坏人，你不要横行无忌，作恶多端，多行不义必自毙；另一方面，是在鼓励好人，你做的好事，大家都看在眼里，佩服在心里，迟早会得到承认。

我们看到社会在飞速发展，可在快速的发展中，却慢慢丢掉了许多伦理道德。

孔子曰："君子坦荡荡，小人常戚戚。"这话不无道理，有什么样的心，就会有什么样的思想，就会做出什么样的事情。

一个人可以没有富足的生活，却不能没有良心。不管做什么事情，必须问问自己的良心，问问自己有无愧疚。要知道，举头三尺有神明。众人的眼睛正如神明般在审视着你，无论你做了什么，都将在众人的眼睛里看

到或清或浊，孰是孰非，自有公论！

以善传善，善心常安，心安是福。《三国志》中有文曰："勿以恶小而为之，勿以善小而不为。"如果把这句话置之座右，奉为处世箴言，必然会增益良多，长进良多！

清代河南巡抚叶存仁做了30余年的官，乾隆初年他离任时，手下部属执意送行话别，但送行的船迟迟不发。叶存仁好生纳闷，等至明月高悬，来了一叶小舟，原来是部属临别赠礼，故意等至夜里避人耳目。叶存仁当即写诗一首："月白风清夜半时，扁舟相送故迟迟。感君情重还君赠，不畏人知畏己知。"拒礼而去。

为什么叶存仁这样做？头顶三尺有神明，因为老天天天在检查，所以他"不畏人知畏己知"。叶存仁不是怕别人知道，而是怕自己知道，这说明叶存仁知荣辱、讲自爱，是自尊自信的人，有着强烈的荣辱观，能够用正确的言行来维护自己的尊严，衡量自己的言行，不做有损于自己名誉、形象的事。这是清廉为官的最高境界。

物以类聚，人以群分。正确选择朋友，乐善好施，远离无道义之人。尤其是要远离那种口是心非、丧失人格、愿与邪恶为伍、不懂得知恩图报的人。做人坦坦荡荡，做事堂堂正正。所有崇高的美德才能由此发芽滋长。

永远切记：老天天天在检查！

【大平心语】

老天每天都在检查作业，一个人可以糊弄自己，但是无法糊弄老天，老天是公平的。老天给的作业越难，机会越大，不要抱怨老天，老天给的大礼物包装都差。

创造生命的奇迹

有的人羡慕安逸、平凡的生活，有的人热衷于追求冒险、刺激的人生，还有的人爱随大流，到头来成了"邯郸学步""东施效颦"，失去了自我的多姿与真实。平凡安逸也好，轰轰烈烈也罢，重要的是尽情演绎自己，要学会欣赏自己，爱自己。生命掌握在我们自己手中，我们绝对有能力决定自己的人生。

创造生命的奇迹，强调的是要让我们了解并明白，我们是如此珍贵且完整地被爱着，我们的疾病与痛苦都源自于我们的思想与心理模式，我们要为自己的生命负责。我们是自我心灵唯一的思考者，是我们自己创造了一切经验和事实。当我们心灵处于平静、和谐与平衡的状态时，才能够明白这个事实。我们唯一要面对的是我们的想法，而想法是可以改变的，我们的想法也是自己选择的。我们必须选择释放过去的一切，宽恕每一个人，

包括我们自己。当我们说"我愿意原谅一切时",疗愈就开始了。宽恕意味着放下。

生命中最重要的是开悟,开悟就是活在当下,就是活在永恒,没有了时空的限制,绽放生命的能量。人生只有一件事情,就是开悟。开悟就是活得坦然,活得没有恐惧、担心。人追求的所有事情,是让自己开心;当我们担心时,就无法与自然对接。我们要先有内在的喜悦,再去做外在的事情,这样做什么事情就都是喜悦的。做什么事情都是与自然的对接。开心是一个功夫,需要修炼,是每分每秒的觉察、每分每秒的修炼。我们最大的框在于离开自己去找自己,我们准备得越早,就越早得到解脱。有一个有几十亿身家但得了癌症的人躺在病床上说:"谁要是能救我的命,我什么都可以给他。"将来的钱,是不应该现在去挣的!

真诚永远比智慧重要,真诚就是自我拯救,真到极致就是空,就是简单,简单可以产生无穷,这是用脑子理解不了的,需要用心去感受。我们不真诚的原因是想自己多,想自己多就把心门关上了,就会用自己的方式去对接世界。真诚可以无限循环,古希腊著名哲学家苏格拉底曾经说过:"我唯一知道的就是我什么都不知道。"跪下来,见到的都是"贵人";高高在上,看到的都是小人。谦虚的"谦"字,是由"言"和"兼"组合而成,意思就是要兼顾说话,很多时候我们的舌头就是斧头,说话说得不好,是因为修行没有修到位。

"心"字有3个点,就是天、地、人,就是儒、释、道,就是我们做人的基础。爱是一切的基础!在没有好好爱自己之前,不要去爱别人,自己的桥还不稳时，不要让别人随便走，不然就容易桥塌人伤。很多人生病了，是因为爱自己不够，爱里有智慧。很多人不认识自己的时候，还以为认识了自己，还以为自己很了不起，我们的错误，往往是因为沉湎在过去造成的。我们为什么会觉得自己不够好，因为老是喜欢跟别人比较，优秀成为了自己的阻碍。台湾的经营之神王永庆曾经说过："美国人、英国人能做的，我们中国人也能做。"这就是自信，这就是精神。我们不用管可以不可以，只要跟着走就可以了。不要去想，这个事情自然就会发生，不是要实现梦想，而是让梦想带着走，自然而然就可以实现梦想了。

有一位加拿大人，他是这样子跟他的朋友说的："当你寻找上帝的时候，你找找找找，找到了自己；当你找自己的时候，你找找找找，最后找到了上帝。"找自己，最后找到了上帝，找上帝，最后找到的是自己。发心，只要把爱传出去，就是特蕾莎修女（又称作德兰修女、特里莎修女、泰瑞莎修女，是世界著名的天主教慈善工作者）。生命绽放也是跟自己没关系，去参与就好。控制就是失控的表现，不要控制它，按照自然的规律去做，在参与循环的过程中，会得到很多。

梵语"般若"的意思是"终极智慧""辨识智慧"。般若分为3种：文字般若、实相般若和观照般若。文字般若是指头脑中的知识，如果只用头脑中的知识与人对接，容易与人起冲突。实相般若是指看着就是般若，行为的般若。观照般若是指随时觉察自己、觉察别人的智慧。容易与人冲突，就是没有觉察到自己。般若就是智慧，就是"找我"的过程，找我就是去

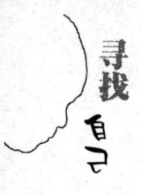

掉贪、嗔、痴。把自己放开，生命就在流转中，真正的导游是自己的内心。放下是放下过去的观念，放下自己的得失。不要去创造智慧，要学会把他人的智慧当作自己的机会。没有我，就可以连接别人的智慧，就可以发大愿，伟大的人都是使自己放空的人。有了志向才能与有志向的人结缘，智慧是通过做事情做出来的，做大事才能开大悟。

你是谁不重要，你给这个世界带来了什么更重要，因为你带来的就是思想，就是你的影响力。很多人没有了解到事物的实质，所以很容易迷茫。每个人心中都有佛性，每个人心中都有智慧，智慧可以发现事物的本质，真诚就是智慧的表现。我们只能给他们影响而不能改变他人，生命中的很多痛苦都是源自想改变他人。接受自己是需要胸怀和能力的，接受自己是支持自己，是支持众生，接受才能享受。我们爱他人就好，不要带有目的，带有目的的爱是障碍，障碍就是在消耗能量。

我们离开了别人，也要赞美自己，不光接受自己的优点，也要接受自己的缺点，照顾自己的身体，照顾自己的情绪，照顾自己的思想，让自己与宇宙连接。

【大平心语】

相信产生奇迹，全身心相信才能拥有全身心能量。

成功者的秘诀——价值观

一个人要有自己的价值观，否则无法与世界对接。价值观就是自己的中心，众生就是中心，慈悲就是中心。价值观是修炼出来的，是一生的事业。

爱因斯坦说："价值观是指南针，一个人的价值，应当看他贡献什么，而不是应看他取得什么。"价值观是我们行动的指南针，是我们做决定的依据。只有我们自己内心清楚。我们迷失方向，是因为我们使用了他人的指南针，我们的父母、老师、同事、朋友、领导、媒体都在有意无意地用他们的指南针指引我们的行动。有些人到达了别人的指南针所指的目标，但却背离了自己的初衷。

比尔·盖茨是许多人崇拜的偶像，他有着成功的事业和壮丽的人生。他曾经是美国高级学府——哈佛大学的高材生，从大一开始就自觉地主修研究生级别的数学课，而且大多都能拿到A；别人不敢选修研究生的经济学理论课程，他选了，并在这门课结束时也拿到了A。但令人意想不到的是，他竟然选择了中途退学。人们想不通的是，挤进了多少人做梦都没挤进的"龙门"，为何要这样轻易放弃呢？多年后，比尔·盖茨道出了自己退学的理由："我必须在学业和事业之间取舍。作为微软的老板，除了必须亲历亲为设计程

序和四处宣传推广微软电脑的普及应用之外,我还是一个学生,还要应付哈佛大学的法律课程,我无法兼顾,所以,我必须做出选择。"当时他的父母、老师和同学都极力反对,希望他能继续学业。可是一想到自己的事业,他就无法抑制内心的冲动,最终还是在人们的惋惜声中做出了决定。尽管曾经后悔过,但是他到现在依然觉得那是一个正确的决定,而且在微软公司成立后,他又重返了校园。

先把自己的价值观作为目标,然后为实现这个目标而努力,这就是比尔·盖茨对价值观的诠释。

没有价值观,就无法判断。为什么有些人能够抓到机会,另外一些人却总是与机会擦肩而过?有价值观的人知道什么是自己的机会,什么是别人的机会,然后只去抓自己的机会。属于自己的机会是有限的,只有进入到自己的价值观领域里,才会有更多的机会。

一天,一个小伙子站在一座豪华办公楼上大声喊:"十年内,我要成为亿万富翁!"经过他身边的一位老太太冷笑了一声说:"年轻人,这是不可能的!"然而,他并没有因为别人的否定而改变自己的决定,继续为之努力奋斗着。多年后,这个雄心万丈、大言不惭却身无分文的"愣头青",成了世界最大保龄球馆的总裁,他就是黄朝扬。

黄朝扬出生在台湾一个农民家庭里,家境十分贫寒,家的周围是荒芜、凄凉的坟场。他盯着那片坟场，痴人说梦般要在那里盖一座"宝塔"，让这些"先人"有个清净、幽静的"居所"。为了实现自己的梦想，他着了魔一般马不停蹄地四处奔走，搞宣传、做广告，拉人来看地，并请来建筑设计师，夜以继日地研讨方案、绘出施工图纸。看着图纸上高大巍峨、富丽堂皇的宝塔，他异常兴奋，仿佛宝塔已立在眼前一样。无论遇到什么挫折和困境，黄朝扬都坚持自己的价值观，从未改变过。经过不懈努力，他终于成就了一番惊人的事业。他说："人，内心要有远大的目标，且无论做什么行业，都要坚持不懈地去努力、去行动。正所谓'行胜于言'。"

机会偏爱有定力、有实力的人，世界上最伟大的资源就是自己的价值观。坚持自己的价值观，并不断地努力实现它，就算别人否定、嘲弄甚至羞辱，也不改变自己的言行，机会就会如期而至。主宰自己的价值观，才能把握住属于自己的机会。没有价值观的人认为所有的机会都与自己有关，成了机会主义者。机会主义者没有定力，见风使舵。有些人没有按自己的资源规划，盲目地跟着别人跑，地产热做地产，股票热做股票，英语热学英语，不仅浪费了自己的时间和精力，还错过了成功的最佳时机。

俄国作家列夫·托尔斯泰说："价值观与信念信仰是人生的力量。"价值观与信念相结合能产生无穷的力量。价值观是知道要做什么，信念是把价值观进行到底，是没有看见便相信。艺高人胆大，"艺高"是能力，是本身存在的，没有什么风险，而"胆大"是外界对"艺高"的认可。为

什么许多看上去"艺高"的人,没有去展示自己的"胆大"呢?因为信心不足,信念不足,担心太多,怕失败,受到了负面影响。

英国历史上第一位女首相撒切尔夫人的成功引起了欧洲乃至世界各国的注意。那么,她是如何被人们所熟知和敬重的呢?撒切尔夫人原是一位默默无闻的小杂货商的女儿,她的成功与她的父亲罗伯茨自幼对她的谆谆教诲密不可分。罗伯茨是一位白手起家的杂货商,在撒切尔很小的时候。他就对她寄予厚望,希望她将来能有所作为。所以,他在撒切尔五岁时,把她送去学校上学,并从那时起不再允许她说"我不会"或"太难了"之类的话;他还经常带她去听音乐会、演讲,和她一起读名人自强、自信、自立的传记;另外,他还教她要有自信,千万不要去迎合别人,并经常对她说:"自己要有主见,不要人云亦云。"在父亲的精心教导下,撒切尔一直相信自己总有一天会成功的。事实证明,她是正确的。正如后来她当选为首相时所说:"我父亲的教诲是我信仰的基础,我在那个十分一般的家庭里所获得的自信教诲正是我大选获胜的武器之一。"

一般来说,我们容易夸大一年内的成绩,却缩小十年创造的成绩。信念是生活的骨架,成功与资本、教育、年龄、性别、家庭的关系,远远不如信念与毅力来得重要。成功是一个积累的过程,唯独信念与毅力能坚持到最后,其他因素在生死关头都会显得苍白无力。

人的价值观是不断变化的，权力、美感、智慧、快乐、人道主义、经济等价值在我们生命中扮演着不同的角色。人处于不同阶段、不同环境时，对价值的追求也不一样。价值观非常个性化，没有好坏之分，反映了我们内心的真实感受。有价值观的人是幸福的人，是有方向的人，是有行动力的人。

其实，改变价值观是非常正常的，那并不意味着背叛自己，而是为了寻找真我。有一点值得注意，无论价值观如何变化，都不能破坏环境，而且一些基本的价值观不应抛弃，例如正直、诚信、博爱、勤劳、谦和，因为它们可以排除世界上的种种诱惑，是根治人性弱点的良药。许多人不成功，恰恰与他们放纵自己有关，规范产生自由！

【大平心语】

成功和名利是价值观的副产品，为了成功而成功将破坏价值观，风险很大。

第二章 人性

人性中有好的一面如宽恕、赞美、开心、自由、和平、包容等，也有坏的一面如抱怨、索取、浪费、拖延等。事实上，由人心产生的，不只是负面情绪，更多的是那些正能量，正能量的人性可以相互滋养。这关乎个人的修为，其根本原因在于他是否志存高远，有的人有远大抱负，他不会计较眼前的得失、个人的荣辱的，只有胸怀大志，才能胸襟开阔。人性优劣俱存，重在如何把握，要让自己从人性劣根中解放，了解自身的弱点，然后鞭策自己扬长避短，凸现自己的优势，从而成就美好的人生。

宽 恕

宽恕是内在的"发生"。在宽恕中,你不再背负他人对你造成的伤痛,没有内在的批判、谴责、憎恨、愤怒或想报复的感觉。宽恕并不是忘记,宽恕也不是为了他人,而是要将自己从持续的痛苦与愤怒中解脱出来。与宽恕同样重要的,是请求被宽恕。

一对西班牙父子因一些事情关系变得紧张,男孩离家出走,父亲心急如焚,遍寻不着后,在马德里的报纸上刊登寻人启事。儿子名叫帕科,在西班牙这是个常见的名字。寻人启事上写着:"亲爱的帕科,爸爸明天在马德里日报社门前等你,一切既往不咎。我爱你。"

隔天中午,报社门前来了800多个"帕科",等待宽恕。

是什么让父亲的一则寻人启事唤起800个"帕科"的共鸣?究其本源,宽恕彰显着人性的光辉。诚然,并不是所有人都能够拥有君子之腹、宰相之心的宽宏大量,但是,我们或许可以多一些宽恕理解,少一些斤斤计较。因为一旦如此,不仅我们生命的宽度得以拓展,温度得以提升,社会精神河流的水位也将不断地上升。因此,让宽恕为人性摆渡,让大爱充满人间,

我们的社会定然能搭上更好更快发展的列车。

要宽恕一个人，就要理解这个人所做的事、所说的话，或者其他的种种，对你造成了多少伤害。只有认知到一种行为举止于人的伤害体量，才能发自内心地宽恕这种行为。当我们选择宽恕或者不宽恕一个人的时候，只需要好好考虑一下他于我之伤害是否真真正正地对我造成了伤害，好好衡量一下这种伤害是不是值得原谅。

如果你真的无法理解一个人的某种行为，无法释怀这种行为，那就不要掩饰自己对他的讨厌，爱恨都是一种权利，要敢爱敢恨，切忌失去原则。就如孔明拒绝宽恕以身试法的马谡，维护了法律的尊严一样，当我们面对厚颜无耻的贪官污吏和穷凶极恶的恐怖分子之时，不要再忍让宽恕，用法律的武器将之绳之以法，正本清源，还我们一个和谐安定的社会环境。

不容乐观的是，随着物质世界的不断丰富，人们的精神世界却日趋贫瘠，有些人为鸡毛蒜皮的小事拌嘴斗殴，有些人计较于自身利益，在名利场上勾心斗角。在此背景下，我们更应当寻找问题的最优解，用宽恕融合人性裂缝，用友爱消弭人性坚冰。

捷克作家米兰·昆德拉曾说："我心中已经听到远方的呼唤，再不需要回过头去关心种种是非议论。"宽恕一切能宽恕的，宽恕一切不能宽恕的。当把自己真正敞开的时候，就可以面对并宽恕自己，也会获得他人的认可与宽恕。宽恕不需理由！

【大平心语】

宽恕是空间，宽恕是能量，宽恕是慈悲，宽恕是智慧，宽恕是自救。宽恕是承担责任，宽恕是接受自己，宽恕是升华自己，宽恕是慈悲自己，宽恕是智慧自己。

赞 美

学会赞美才能觉察美好。赞美是道，是示弱，是发现美好，是尊重自己。如果内心没有改变，赞美就是过场，希望对方来认同自己。赞美他人要养成习惯，赞美到自己感觉不出来是在赞美，就是发自内心的真诚，是一种深度的连接。

学会赞美，首先要区分什么是赞美，什么是奉承。赞美是用心说话，奉承是虚伪的有目的的夸奖。一个赞美鼓励你、同时又挑你缺点、帮助你成长的人，一定是你值得信任和用心相交的朋友。一个只会奉承你、夸奖你的人，你可要注意了，和这样的人相交，轻则让你不知道自己与他为伍，重则让你倾家荡产，所以遇到这样的人一定远离他，包括他的朋友圈；如果不慎上当也要马上远离他，不要和他斗气斗劲，不值得和他为伍，相信因果，区分善恶，用爱滋润自己、滋润团队和社会。

学会赞美，需要有赞美精神。当了解到任何好的东西时，即使一点点，都会毫不吝啬地赞美，这给交流创造了最好的氛围，也给被赞美者以最大

的鼓励！其实欣赏别人，是一种境界，能够欣赏别人，就是欣赏自己。生活当中，我们不缺乏美，只是我们缺少发现美的眼睛。

比如：财务主管工作的状态越来越好，与人相处方式也越来越柔和，为底下员工营造了一个轻松的工作氛围，点赞；老公这两天在加班，还不忘关心家里的状况，很贴心；妈妈今天炖了鸡肉汤，婆婆炖了猪肚汤，忽然觉得自己很幸福，谢谢妈妈和婆婆的关心；马上期中考，孩子在学习上像拼命三郎，虽然心疼却也欣慰，因为孩子清楚自己的目标；接纳自己的同时，欣赏能力也随之提升，看事情的角度也开始转变了，为自己点赞。如此等等。赞美就是给花儿阳光、雨露、土壤和空气，没有赞美就没有绽放。赞美带来正能量，被赞美者心情愉悦，赞美者在赞美别人的过程中也得到提升，双方良好的沟通也由此开始。

当赞美成为一种习惯，你会融入所有事物中，通过赞美你看见了自己，看见了爱的循环，看见了生命的平衡，看见了自然的存在！当你放下头脑里的天平，放下头脑里的你、我、他的种种概念，只是带着一种平和的心境去做，你会发现另一片天空的美。

也许，有人觉得赞美是很容易的一件事情，不过整个环节下来，发现赞美的时候，也会词穷。这是为什么呢？究其原因，是我们没有赞美的习惯。如果有了赞美的习惯，自然可以非常流畅地完成各个环节。在互动过程中，因为彼此的赞美，大家惊奇地发现，气氛非常的愉悦，人与人之间的关系因为赞美也一下子拉近了许多。如果将这种氛围投入到工作与生活之中，效率将是如何呢？这个，毋庸置疑。

多一些赞美，多一些美好。赞美是一种艺术，养成赞美的习惯，你会发现你沟通的能力与日俱增！

【大平心语】

赞美，是一种超越表扬的欣赏。赞美是慈悲，赞美是觉察，赞美是放下，赞美是智慧，赞美是布施，赞美是修行，赞美是和谐。

开 心

开心是一种选择。如果我们感到开心，我们在生活中会创造奇迹。相反，如果我们感到痛苦，结果就会非常糟糕。所以，找到开心的感觉非常重要。那么，应该怎样才能做到呢？其实，只要内心做出决定就可以了。

2008年春晚之后，盲人歌手杨光的名字家喻户晓。他的身世颇多曲折，在出生才8个月时就因病失去了光明。但他一直在用心去感受阳光，触摸这个世界，虽然他的眼前一片漆黑，但他的心中却拥有灿烂的阳光。他一直在用阳光般的心态去追梦。他说："我成功的标准就是把开心、温暖传递给我的观众。谁又能说我不是真的阳光呢？"

每个人都拥有阳光,像歌手杨光那样"用阳光般的心态去追梦"。拥有阳光,就是拥有一种发自内心的坚定的自信与慈爱。

我们周围总是有一些人,让我们情绪低落,给我们讲糟糕的故事。如何让自己置身于能让自己感到开心的人周围?谁能让你开心,是由你自己决定的,可以去公园,也可以去舞厅,去咖啡厅,或者去散步,自己决定就好了,那么到底什么事情可以让你感到开心?你可以列出一张清单。

什么事情可以让自己开心呢?在阳光下散步,或者是看书。花点时间想一想什么事可以让你开心,然后,有意识地做出决定,每天花费十分钟的时间来做这件事,无论手头有其他多么重要的事情。一旦开始做让你开心的事情,你的身体会慢慢习惯,你会更快地进入开心的情绪。开心不需要理由!

这样就会形成良性循环。因为你自己越开心,就越容易吸引到开心的人和你在一起,你自己也更容易受到感染。这就形成一个良性循环,你越开心,得到的开心也越多。你周围的人也越开心。开心会传染,你会把这种开心的情绪传染给你的朋友、你的家人,以至和你在一起的人。更重要的是,你越开心,你的生活质量就越高。这就是吸引力法则。

开心是一种选择,我们任何时候都可以选择开心地生活。这种生活非常有吸引力。记住,你越开心,传递出好的信号就越多,得到好的反馈也越多。

【大平心语】

开心，打开心才会开心。开心是祈祷，开心是高尚，开心是循环，开心是能量，开心是道德，开心是责任，开心是修炼。

自 由

自由是什么？自由，就是在法律允许的范围内和不影响他人及社会风雅前提下，你可以做你想做的事；自由就是你什么都可以做，但要对你做的事情负责。自由的本质是智慧、是正义、是绝美。灵动的小鸟、奔腾的水流、巍峨的高山、搏斗的雄狮，这是自然的自由。做想做的事又不妨碍别人，这是你的自由。

手是自由的，能做出千百种灵巧的动作来。为什么呢？因为人的手不必像动物一样总拄着地面，手有了闲暇，于是它自由了，解放了。人如总是忙于生存，就被生活压得喘不过气来。人的大脑总是考虑生存，无暇顾他，谈何自由？人什么时候才有自由，才能解放？正像手的解放一样，不要让它总拄着地面，不要让大脑总考虑如何生存。换言之，要给大脑闲暇时间，要让大脑确认，不必为生存考虑太多。人若摆脱了生存斗争，人的智慧和创造力才会迸发，才不会成为少数人的专利。自由的手可以做出千百种灵巧的动作，而没有因为不拄地面而陷入退化状态，它无比地进化了。人的最终解放，全要依靠于摆脱生存竞争，人要真正自由，就应给他自由的时间。

马克思认为，人类从必然王国（人们相对被动地听命于自然和社会规律的历史阶段）到自由王国的征途是永无止境的。的确，人类对自由的追求是永不停歇的。匈牙利著名爱国诗人彼得裴写道："生命诚可贵，爱情价更高。若为自由故，二者皆可抛。"要追求，就要有牺牲，甚至牺牲的是自己的生命或爱情。人类的文化与文明不正是从牺牲小我、塑造大我的征途中延伸发展的吗？不过，这一切还需从点滴做起，由此累积我们的幸福，由此实现我们的自由境界。

人类需要自由，但它被感官物欲"我"的感受遮盖住了，使人忘记了自己的本来需求，导致人们把虚妄的色声香味触法当真，不能自主，不得自由。凡是被名利、感官物欲牵引的人，或者跟着感觉走的人，在本质上，和那些被奖励食物所驱使的演马戏的动物一样，既没有智慧，也没有自由。

人一定要尽心尽力履行自己在家庭、社会中的责任，多贡献，多奉献，同时，要从内心摆脱名利物、欲对自己本性的桎梏，不为世俗名利物欲所动，直到彻底放下妄我与妄我所执着的一切。这时，人就能体会到自己的本性智慧，就能体悟出什么是世界人生的真理，这时就能随心所欲而不逾矩，就能体会到什么是人生的真正自由与幸福。

总之，越积极主动为社会多做奉献，人就越自由。越只知享乐，越作茧自缚，消极被动，在社会生活中越没有自由。

【大平心语】

自由不是白来的，自由不是想象的，自由不是等来的，自由不是绝对的。

自由是付出，自由是接受，自由是成长，自由是信任，自由是独立，自由是磨练。

缘　分

什么是缘分？人和人在社会中建立起一种亲密的关系，这便是缘分的一种体现，如父子、夫妻、主仆之间，亲朋之间，便会被认为比陌路人之间更有缘分，亦被简称为有缘。缘分，是自己与自己对接，是选择内在的世界，是发现自己的旅程，是不断变化的过程。缘分是你和命运的相遇，是你和能量的默契，是你和喜悦的浪漫，是你和知音的神交，是你和老天的约会。

人需要结缘！结缘是修好自己的同时，和一切缘分平等的人去对接。缘分在你心中，只有内在缘分的迸发才会有外在的显化。修好自己，提升自身能量和智慧，才是缘分的核心。

缘分的对接需要觉察。人与人的结缘是一种默契，是一种感觉，是一种需用心去体验和感受，才能体会出缘分的魅力。人生在世人与人之间都是一种缘分，有缘千里来相会、无缘对面不相识。两个人从相遇、相识到相知都是缘分，命运是违抗不得的，强求不来，人生在世靠的就是一个缘字，一切还是随缘的好，这样最起码不会让自己受伤。缘是遇见了，分是走心了；缘是打雷了，分是下雨了；缘是开花，分是结果。有缘无分，也是缘分。

接受它，静观其变。

缘分的对接需要共同目标。每个人都在按自己的目标做着自己的事，但社会中每个人所做的事都会对别人有影响。而许多人的影响结合到一个人身上，就成为了对这个人的机遇。每个人既是靶子又是射箭者；每一个人既会成为别人的目标，也可以自己选择目标。

缘分的对接需要共同愿景。个人愿景的力量源自个人对愿景的深度关切，而共同愿景的力量是源自共同的关切。你我心中虽然持有相同的愿景，但彼此却不曾真诚地分享过对方的愿景，这并不算共同愿景。当人们真正共有一个愿景时，这个共同的愿望会紧紧将他们结合起来。这种共同愿景、共同关切下的结合就是缘分。事实上，人们寻求建立共同愿景的理由之一，就是他们内心渴望有这样一种缘分。

缘分的对接需要慈悲心。慈悲是大爱，这种大爱超越了界限，甚至是超越时空，它不因是否被每个人了解而减少或是增加，永远存在于那里。不是为了什么而爱，而是爱就好了。有了强大的精神支柱将更纯粹的爱，贯穿生命始终。获得智慧，那要看个人的缘分了。守住本心，处处时时是缘分。

缘分的对接需要主动。缘分的核心是主动，主动了解他人的需求，然后满足需求，要用他人可以接受的方式对接，这既是慈悲，又是智慧。对接之后才能循环，循环产生能量和机会。主动就会得到更多，主动是负责，主动是得到，主动是感觉，主动是创造，主动是力量，主动是自然的绽放，主动是能量的涌动，主动是规律的流淌。跟随心的主动，那么，宇宙会反馈给你所有。

缘分的对接需要付出。大千世界，茫茫人海，能够相遇就是一种缘分，相遇是缘，相逢是缘，相识也是缘。人海茫茫中人与人结缘，这本身就是上帝的恩赐。为结缘而付出，是一种无怨无悔心甘情愿的彼此付出。

缘分的对接需要感恩。俗话说"受人点水之恩，当以涌泉相报"。常怀感恩之心，懂得感恩，才会心生感念，言行向善，常思如何与人和睦相处、如何回报于他，与之相处，分享快乐生活理当自然而成，故懂得感恩是很重要的。不懂得感恩，难结善缘；不懂感恩者，人人远离之。

茫茫人海，浮华世界，多少人真正能寻觅到自己最完美的归属？又有多少人在擦肩而过中错失了最好的机缘？或者又有多少人有正确的选择却在错误的时间站在了错误的地点。缘来缘去、缘起缘落、缘聚缘散、缘随缘尽，常常只在一念间！

【大平心语】

缘分是道的缘分，自己是缘分，处处都是缘分，不去攀缘，而是不断地给他人缘分。

包　容

人们通常讲："量小非君子，无毒不丈夫。"其实，原本是"无度不

丈夫"。度即度量，指宽容的气度。顶天立地的大丈夫无需狠毒，却需度量，务必怀有开阔的包容心。有包容的心，就能共存，就能在人生的旅途走得轻松、行得豁达。

包容要求我们有一个良好的心态，拥有一份宁静、平和的心境。在我们的日常工作中，一句不中听的话或是一个不雅的举动往往让我们大动肝火，最后闹得两败俱伤，而实际上我们可以用另外一种方式来处理，比如别人发发牢骚我们应该理解，而不该生气，甚至争吵。时刻怀揣一份宁静与平和，我们的工作会更轻松，身心会更健康。哲学家康德说："生气，是拿别人的错误惩罚自己。"

包容要求我们正确面对错（失）误。人的一生中会出现许多的错（失）误，人生就是在错（失）误中成长进步，无意识的错（失）误谁都无法避免。一方面，当他人出现错（失）误时，我们不应该采用责备的方式去打击他人，而是应该采用包容的方式去理解、鼓励他人，谁都不愿意出错，可是错误又在所难免。多一份包容，让错（失）误变得不再可怕。另一方面，当自己出现错（失）误时，也应该学会包容自己，不要一味地沉浸在自责中，人人都会出错，别人对你的错误并不会牢记于心，更不会因此而笑话你，你要做的是接纳自己，并从中汲取成长进步的经验教训。包容是一种善待他人和善待自己的生活方式。

包容要求我们正确认识他人的批评教育，做一个真正的智者。被领导、长辈、朋友、同事等批评教育是很平常的事，但有时我们却会为这样的事郁闷好几天，甚至还憎恨他们看不起自己，暗中找他们的不足之处加以批评。事实上我们大可不必让自己活得如此劳烦，都说忠言逆耳，他们也许就是随口说说，只对事不对人，不存在为了贬低你或是看不起你而去批评你；相反，往往那些真正关心你的人才会注意你，发现你的不足来提醒你，让你在人生的道路上走得更加顺畅。我们要学会做一个聪明的人，包容是必须具备的素质之一。

包容要求我们拥有豁达的胸怀。生活中我们常常羡慕或嫉妒他人的权力、财富、幸福等，难以做到镇定自若、安之若素，常恨命运不公、社会冷漠。在社会交往中又时常会因为他人的嘲弄、攻击等充满仇恨，时刻准备着报复、还击，让自己生活在痛与恨中，其实这是对自己最大的摧残。因此，我们要时时处处学会包容他人，同时给自己更大的生活空间，使自己不被诱惑和私欲所奴役，不为名所累，不被利所羁，拥有一份海纳百川的博大胸怀。

包容是一种境界、一种美德、一种胸怀，但包容绝不等于懦弱，也不是无原则的忍让。生活中我们要学会包容他人，善待自己，解开羁绊心灵的枷锁，让工作更轻松、交往更简单、生活更美好。

【大平心语】

包容是待人第一法。包容伤害你的人，包容嫉妒你的人，包容误解你的人。

抱　怨

抱怨是表达自己对人、对事的哀伤、痛苦或不满。它是在讲自己不想要、不喜欢的东西。抱怨存在于我们的生活中，稍微不留神就会显现：工作不如意，房间弄乱了，饭不可口，孩子不理解，开车不愉快，得不到赏识……抱怨之后不仅让别人感到难过，自己的心情也往往更糟，就好像是往自己的鞋里倒水，只会使路更加难走。所以，觉察反省真的是每时每刻需要做的功课。

什么人常常抱怨？贪婪的人抱怨、小气的人抱怨、娇气的人抱怨、懒惰的人抱怨、不顺的人抱怨、急躁的人抱怨、冷漠的人抱怨、迷失的人抱怨；抱怨的实质是缺少能量、是陷入问题、是回避问题、是推卸责任、是自我折磨、是自我迷失，抱怨是最大的不真诚。抱怨之害，不可不知。列举如下：

抱怨是人丧志之始。所谓怨天尤人，总觉得世间不公平，人一旦心中满怀怨恨就觉得天下人都对不起自己，这是人生危险的信号。因为你对社会的热情不够、对人生的际遇认识不清、对自己的付出心有不甘、对自己的获得有所不满，因此忿忿不平，怀忧丧志。其实，先要有所付出，才会有相对的收获，你只是抱怨不付出，怎么会有好的结果呢？

抱怨最容易结仇。抱怨绝对不可能获得他人的欢喜，你抱怨人家一分，别人回给你的可能是加倍的排斥。合伙人本来是共同打拼，而你总抱怨对方的不足，难道对方就会满意、钦佩你吗？古曰"敬人者，人恒敬之"，反之，"怨人者，人恒怨之"。"管鲍之交"就是说鲍叔牙不介意管仲，在钱财、事业上没有半句怨言，所以两人才能相知相惜，才会有好的结果。

抱怨是败德之行。人一旦有了抱怨，情绪一定非常恶劣。因为对家庭抱怨多，他干脆不回家，整日借酒消愁徘徊在酒廊舞厅里；因为对公司有很多不满，他可能请假出游，甚至泄露机密，使公司受到损失。抱怨的结果，可能对方损失有限，对自己而言则是更大的败德之行。例如：抱怨父母者，成了不孝儿女；抱怨朋友者，最后反目成仇；抱怨同事者，明争暗斗。种种败德的行为，都由抱怨而产生。

抱怨是罪恶之因。世上很多的打斗、毁坏、厮杀等行为，都是因为抱怨而起，所以抱怨是罪恶之因。一个人如果时时心存善念，纵使受了委屈，被人欺负，只要自己有修养，稍加忍耐，也就过去了。假如感到利益不均，或者为人所侵占，也不能为了虚浮的财利，造下难以弥补的冤仇、业报，最后受害最大的还是自己。

抱怨的时候，我们看到、听到、想到、说出来的都是丑恶的东西，抱怨的时候就是把自己扔进了泥潭。因此，一个人一旦心中有了抱怨的念头，自己应该立刻有所警觉，自己要懂得观心反省，努力保持良好心情的"砝码"——转移情绪、憧憬未来、向人倾诉、拓宽兴趣、宽以待人、忆乐忘忧、淡泊名利。除此之外，还要经常锻炼身体、合理饮食、养成良好的生活习惯，这些对于保持一份好心情也是至关重要的。

人生没有抱怨的权利，只有坚持的权利，坚持过去了处处是风景！

【大平心语】

面对问题,如果抱怨,会传递负能量,让自己离真相越来越远,更谈不上自己去解决问题,实际上是在制造问题。

索 取

索取,就是要求得到。索取与给予相对。人的本性是善良的、仁爱的、无私的。人又有自私的天性,自私是无限的索取。我们要追求人性中那至善的初衷,摒弃自私的天性,所以生命的意义在于给予不在于索取。

在一个人的生命旅程中,人生的价值在其所作所为中悄悄形成。有人说"人生就是给予",给予是快乐的,索取是痛苦的。给予和索取不是等价的交换。给予往往是轻松的,给予的人能够自愿地给出。索取是沉重的,让被索取的人感觉到强迫的压力。

在印度旅游者乘坐三轮车,会被人告诫,车夫总是会索要高价,要小心,不要上当。有一个来这里旅游的人内心忐忑地乘坐了一辆三轮车,车夫在路上谈论起自己的3个孩子,旅游者以为是为索要高价做铺垫。到达了目的地,旅游者问车夫多少钱,车夫却说:"随便给吧。"旅游者很惊异,给了他一个合适的价钱,还送了3颗糖果给他的孩子。车夫转身离开的时候,一个小乞儿向车夫行乞,车夫毫不犹豫地从攥在手心的3颗糖果中拿出一颗给了那个乞儿。

车夫向客人索要高价，对客人来说是不愿承受之重。可是这位车夫却说随便给吧，让旅游者由被索取者，成为了给予者。因而才会把自己喜爱的糖果也分了3颗给他的孩子。而车夫一转身的工夫，又让自己成为了给予者，把一颗糖分给了乞儿。这个故事中每个人都是快乐的，散发着人性中美的光辉。

从做人的角度说，给予的人是施了恩惠，索取的人是欠了债。当我们年幼无知的时候，我们只知索取，岂不知这些到长大了都是要还的。可惜，当我们真正长大，能够偿还的时候，那施了恩的却离我们远了，有的甚至已经留下永远的遗憾。索取者也许能吃得很好，但给予者绝对能睡得更香。如果你是一棵大树，就洒下一片阴凉；如果你是一泓清泉，就滋润一方土地；如果你是一缕阳光，就照亮一个角落；如果你是一轮皓月，就洒下一抹银辉。

【大平心语】

索取，是更大的失去，是在关闭自己，是在局限自己，是在荒废自己，是在迷失自己，是在创造痛苦。

浪 费

浪费，就是无知的损耗。浪费反映的是一个人的素质与涵养，反映了一个人做人的良知与道德。比如去饭店吃饭，条件好的点人参、燕窝、鲍鱼、鱼翅等全都吃了，这不足为过。但如果点了一大桌子菜，没吃完就扔下了，满桌杯盘狼藉，那"盛宴"就变成"剩宴"了，这就是浪费。

一个在某五星级酒店做了4年的女洗碗工，曾经留下了客人吃剩的一些废弃食物，想给正在读大学的儿子补养身体，结果却被以盗窃酒店财物为由开除了，以至于这个女洗碗工很长时间没缓过神来。事实上，在过去的4年里，她常常为倒掉食物而心疼。她说："那些鱼、鸭，都还好好的，就全扔。尤其是面包，一桶一桶地扔。每天倒掉的东西，我们一个月工资都不够买的，真是看不下去。东西还好好的，就叫我端去倒掉扔了，作孽啊！我留下来想带给孩子尝尝鲜，怎么就成了盗窃？"

浪费奢靡之风在整个社会蔓延，可是还有很多孩子营养不良。这种浪费是可耻的，应该借助行政手段予以干预。中央提出"全面从严治党"，反腐倡廉这个工作内容是很重要的，但不能忽略了反对铺张浪费，"老虎苍蝇一起打"就是有力举措。

浪费现象的产生主要有两个原因：一是物质的丰富；二是意识的淡薄。在物质方面，随着生产力的进步，特别是改革开放40年来的发展变化，过去衣不蔽体、食不果腹的日子日渐远去，丰衣足食的生活开始成为时代主旋律。物质的极大丰富，让个人的挥霍可以毫无顾忌，这种高速发展的社会环境为浪费提供了温床。在意识方面，享乐主义、贪腐之风、攀比之心、从众观念如魔咒般支配人们挥霍无度，它们麻痹了人的敏感神经，让人在面对浪费行为时熟视无睹。物质的进步是历史的必然，其客观性决定我们只能尊重。反对浪费主要从意识淡薄这方面入手。

反对浪费意识、享乐主义，增强节约意识等。探求浪费行为的原始初衷，在人思维根源处将浪费恶念铲除，才是真正的解决之道。浪费的本质是一种由人内心懒惰、奢靡、享乐、攀比形成的观念，浪费行为是这种观念驱使下的行为，所以反对浪费现象，必须从人的观念出发，从人的内心出发，从人与人之间的道德共识出发。

道德与制度都是约束浪费的手段，道德约束是从人的内心出发，遏止恶行的原念，以人们共同形成的荣辱观为尺度，从根源处预防浪费；制度约束是从人的行为出发，以强制手段遏制浪费行为，这多表现在浪费风气形成了浪费现象后的一种惩罚措施。在操作层面，两种手段哪个更为主要呢？我们必须设定一个比较标准，比较的前提是两者都存在，缺少一方的比较是伪命题。常识性判断反对浪费问题，会考虑这样几个

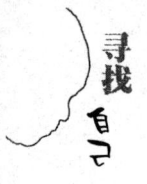

维度：一是可行；二是效果；三是长远。不妨把它们作为标准。

"兴家犹如针挑土，败家犹如水冲沙。"一个家庭的富裕，离不开开源节流、勤俭持家；一个国家的强大，需要全民养成节约习惯、形成勤俭之风。全社会都要警醒起来，坚决抵制铺张浪费的不良风气，共同培育积极健康的文明风尚。当然，杜绝浪费，还要从每个人做起。

【大平心语】

没有重点，就是浪费；没有觉察，就是浪费；没有总结，就是浪费；没有监督，就是浪费；没有创新，就是浪费；没有梦想，就是颓废。

拖　延

拖延是我们人性的一部分。人性最大的弱点就是拖延，其本质是人性的懒惰。就像温水煮青蛙，最后"舒服"到死。

像青蛙一样，自己不动，没有人救你，生活靠自己，想生存，你必须改变自己的惰性、危险的"舒服"，马上行动起来。所谓"生于忧患，死于安乐"，安逸使人死亡。

拖延的危害是，慢慢养成坏习惯，分不清事物的主次，因失去机会而造成很大损失，常常表现出信心不足，远离成功。拖延的原因：一是想负面，担心失败、担心面子、担心失去、担心竞争、担心出丑；二是没梦想，没危机感，满足现状，认为能力有限。从广义的层面来讲，拖延的成因既可以是无穷尽的，也可以只用一句话来概括：个人选择而已，即每时每刻面临辛苦的选项与逃避的选项时，倾向于选择更"舒服"的那一个。一而再再而三，就成了拖延。

从机制上来看，拖延过程中存在着三个特殊的时间点，可称之为"诱惑点""自弃点"和"懊悔点"。诱惑点是受到诱惑的时间点，该点可能出现在做一件事的全程中。比如开始工作时心里会想：我先刷会儿微信，到整点的时候再开始；自弃点是开始自暴自弃的时间点，该点出现在发现自己被诱惑但还是决定自暴自弃的时候。比如猛然意识到自己在查资料，但是心里想：算了，明天再查资料吧；懊悔点是感到后悔的时间点，该点出现在发现自己被诱惑于是痛下决心开始工作的时候，也出现在时间都快被消耗完了才发现自己被诱惑了的时候。比如浪费了一天时间看网贴，最后发现正事都没做，捶胸顿足懊悔不已。

拖延的通用结构就是：在做事的全过程中，不断经历诱惑点，一旦被诱惑成功，则进入诱惑状态，开始浪费一段时间，直到猛然发现自己被诱惑了。发现后如果感到懊悔，即到达懊悔点，则回到正事当中，再次开始不断经历诱惑点的过程；发现后如果想要自暴自弃，即到达自弃点，就不想回来了……直到最后时间快被消耗完时，才到达最后的懊悔点，感叹"今天又拖延了，好颓废"。

由此总结一下，每一次拖延现象的成因其实就是一句话：没能熬过诱惑点，没能发现自己处于诱惑状态，陷入自弃点，缺乏懊悔点。如何应对？

也是一句话：熬过诱惑点，提醒诱惑状态，存储自弃点，制造懊悔点。

熬过诱惑点一是堵，即隔离诱惑源。二是疏，即培养对正事的乐趣，降低诱惑程度；提醒诱惑状态，是指在陷入诱惑状态忘记时间的时候，事先设置一个闹钟，半个小时来一次震动，提醒自己是否处于诱惑状态；存储自弃点。自弃点的出现就意味着当前的诱惑已经太强大了，比如看到一个吸引人的回答，特别想看完。不妨把这个点记录在纸上，存储下来，留到空闲时继续进行；制造懊悔点。之前已经设好了半小时一次的闹钟，就可以利用这个提醒的时间来审视自己的进度，痛定思痛，迫使自己每半个小时进入一次懊悔状态。

上述这些只是方法或者说技巧，要根治拖延，还是从思想方面提高认识，以期彻底战胜人性中拖延的弱点。

等待、纠结、拖延是每个人致命的缺点，任何认为正确的事情想到就马上去做，不要纠结，这些不良习惯会把自己拖入深渊或原地踏步。只要有行动就会有结果，即使结果不如意也比没结果强，不如意的结果可以调整，没有结果就像无米之炊。给自己加油吧！

【大平心语】

拖延会错过良机，拖延是给自己制造麻烦，拖延是不负责任，拖延是恶性循环，拖延也是一种伤害！

能 量

能量，是从宇宙的格局看待的。以前，我们推崇"人定胜天"，觉得人类无所不能，失去对万物的尊重与敬畏，大肆掠夺生态环境。其实，我们人类不过是宇宙中的一分子，微不足道。更重要的是我们和生态环境是一体的，不是对立的，融合才能实现更好的循环。以前的对立，已经导致了生态链断裂，人类开始遭受大自然的报复。

能量，是空有一体的思维方式。能量，是看不见摸不着的，可是呢，它又是你真真切切感受到的，它是存在的，这种感觉很微妙。比如，一个人喜悦和愤怒时，你是可以感受到的。即使，我们家里养的猫、狗等宠物的喜怒哀乐，我们也可以清晰地接受到信息，这就是能量。能量，是个体直接沟通与对接的最高形式，也是最好的方式。

能量，是融合。任何能量，都来源于能量粒子，任何能量粒子，回到雏形，都是"圆形"的。因为"圆形"最容易融合。

【大平心语】

能量是身心灵的融合，能量是天人合一，能量是生命的活力。

第三章 内修

内修是内在的修心养性,是自我心智上的修炼,即"内修于心"。人需要内修。每个人的生命经历不同,成长环境不同,知识底蕴不同,家庭背景也不同,很多东西是不能同日而语的。尤其是在这个人人不甘寂寞、躁动不安的时代,只有当我们的内心变得澄澈透明时,才能包容天下,才能做到内观自身,外照万物,才能归到清明的本位,才能让自己的所作所为真正惠及他人。如果每一个人都做好自己,这个世界也就好了。内修决定了一个人的外在表现,需要落实到言行举止上,所谓"外修于行"。

我是一切问题的根源

很多时候，我们不知道问题是自己造成的，或者不愿面对自己的问题，所以认为都是别人的问题，这就是最大的问题。有问题向外求，永远是问题；有问题向内求，一切都不是问题。我是一切问题的根源。

向内求，是解决问题最好的态度，也是最容易得到别人理解的方法。当自己真正愿意去面对生命中所有的事件时，问题已在刹那间开始消融，自己也会惊喜地发现，面对问题的方法永远比看法多，自己固有的信念层面也在无形中脱落，不知不觉中内在空间又往上升一小步！我是一切问题的根源，我对了，世界就对了。

那么，内求思维之下，我到底看到了什么？

当我看到有人举止粗鲁，我很生气，因为这种行为刺激了我虚伪的素质。如果我是明白人，我就会透过行为看到他们心灵空虚。

当我看到有人怒气冲冲，我很生气，因为它暴露了我心胸的狭隘。

如果我是明白人，我就会看到他们其实是悲观失望。

当我看到有人满腔仇恨，我很生气，因为它揭开了我曾经的伤疤。

如果我是明白人，我就会看到他们内心深受的伤害。

当我看到有人冷酷强硬，我不舒服，因为这引起了我冰冷的回忆。

如果我是明白人，我会看到他们其实是在担惊受怕。

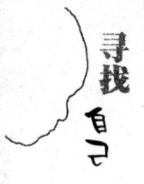

当我看到有人道德败坏，我很气愤，因为这触犯了我敏感的神经。

如果我是明白人，我就会看到他们其实是缺乏自尊。

当我看到有人自私索取，我很气愤，因为他们没有按我的标准做事。

如果我是明白人，我就会看到他们是在渴望帮助。

当我看到有人不择手段，我很郁闷，这刺破了我活在完美世界的气球。

如果我是明白人，我就会看到他们是在恐惧失败……

内求思维让我忽然明白，我看到的对面那个人就是我自己。我该如何面对自己呢？内求思维让我忽然发现，每个人都是上天送我的礼物，而我之前却将礼物抛弃。于是上天不断重复送给我同样的礼物，直到我不再抛弃并接受这个礼物。通过内求思维，无论我看见什么，我都会以一个明白人的角度去看问题，直到接受这个礼物。

【大平心语】

"我是一切问题的根源"，从这个角度出发，没有解决不了的问题。

一切从发愿开始

发愿，是生命的绽放。它就像是能量的按钮，只要你摁下开关，生命将重启新的模式，璀璨发光。

发愿，是与万事万物对接。如果我们自己是闭合的，我们是没办法实现与万事万物的对接的，是实现不了大循环的，在自我世界里面的循环，终究是死水一潭，是一种自欺、逃离、避世。发愿，就是开启窗户，实现对流。

发愿，是举大旗。凡是"愿"，都与众生结合在一起，不过第一众生必须搞清楚，那就是我们自己。

发愿，是世界护照。界限与区域的概念越来越模糊了，借由互联网，资讯已经实现全球化，所以，你发愿，你感染与传递的速率根本无法想象。如果你的发愿是利于众生的，那就是等同于持有世界护照，可以在世界范围内找到拥有共同愿景的人，一起为之奋斗。

发愿，是借假修真。很多人不敢发愿，是因为觉得事情太大，不可能完成，本质上还是小我。因为在他的思维方式里面，发愿，是自己要去完成的，而且是必须完成的。凡是伟大的，必须先是创造奇迹的疯狂。电的发明与利用，是疯狂的，飞机的发明与创造，是疯狂的，新中国伊始，提出"两弹一星"，是疯狂的。所有这些，最后都实现了，现在看来，一切还是顺理成章，平淡无奇。

发愿，是由心而发。有时候还得逼迫自己。"只欠东风"怎么办？发愿了，"东风可借"，天道酬勤。

宇宙是一个强大的能量场，而我们自己的潜力也是无限大的。以一个明白人的角度去看问题，一切从发愿开始，就是找到自己内心的喜悦，勇于暴露自己的问题，让自己有意识地向不舒服的地方走去，突破自己，让自己成长。有时人真的要逼一下自己。

【大平心语】

发愿就是将自己的能量与世界的能量连接起来，让自己的生命在更广大的空间里绽放，为更多的人创造价值。

觉察之妙

在我们的生命中，或许有些部分是我们一直害怕去碰触，而不愿面对的。所以说，成长需要勇气，若我们总是逃避去觉察某些部分，那么我们将无法改变与成长。觉察不仅是自己看自己的此时此刻的"状态"，更能对一个人的情绪、行为、信念、价值观等方面有深入与完整的了解。

事实上，觉察程度越高的人，越是容易把自己从负面能量当中拉出来。即便是刚开始觉察的人，也可以在过后对自己进行反观，随着觉察能力的提高也可以帮助我们加快从负面转向正面的时间。比如愤怒，我们气愤的时候，觉察，这时候不要生气，感谢它给我们一个修炼的机会。当我们正在愤怒，没有觉察自己的时候，就只是沉浸于愤怒当中随波逐流，当发现自己正在愤怒当中，就好像有另一个"我"站在我的面前对我说"你刚刚很愤怒""你愤怒的原因是什么"。当这一觉察发生之时，我们的意识就已经从愤怒的情绪中跳了出来。那么此时，我们就会更加理性，控制我们刚刚在情绪中不能自控的自己。

佛教的一些"打坐"，还有西方的冥想、静观之类的途径，都是帮助人进行觉察的练习方式。通过觉察，可以内心澄澈，进入更高的人生境界。

有的人处高位，以为从此可"一览天下小"，所以乱号令他人，把威势使尽。其实，越是居高位者，不懂得戒骄戒躁，就越有累卵之危。所以身居高位者，如果察觉危险的话，必懂得谦虚待人，继而不断自我反省、自我充实、自我要求。

觉察可以惧满溢。"满招损，谦受益。"一个人如果自满，就好像一杯水，满了就会溢出来，就无法如江河大海一样成其大。所以做人要谦虚，要像江海容纳百川，又如高山不辞土壤，如《管子·形势解》所谓"山不辞土故能成其高，海不辞水故能成其深"。一个人肯不耻下问，不计高下地去友爱他人，相对的也能获得别人的友谊，而能缘多成事。

觉察可以享富贵。一个人享有富贵荣华，这是自己的福德因缘所成；只是世间无常，一切都是因缘所生法，富贵未必能长久。有这种省察与觉悟的人，当他在享有富贵的时候，必会想到还有很多生活困顿的人，有待施予救济。有了这样的慈悲一念，种下了济困的因，将来必定还会享有富贵的果；否则富贵享尽，一旦势尽力穷，即使想施贫穷，也无能为力，因此为善要及时。

觉察可以明理政。一个人有了权势，可以用来欺压良善，也可以用以造福苍生；是善是恶，往往只在一念之间，就看自己的良知与悟性。所谓"公门里面好修行"，一个掌权势的人，懂得体恤黎民百姓，自不会用权势去鱼肉百姓，反而尽力帮助他们解除苦难。

总之，一个懂得时时觉察的人，不但本身可以处世无患，也可以利于

他人。觉察之妙，妙不可言！

【大平心语】

觉察之妙：觉察我相之超越，觉察中心之无限，觉察层次之能量，觉察一体之丰富，觉察感恩之喜悦。

觉察三界

觉察是成长的核心与基础，没有觉察就没有一切。佛即觉，一个沉迷的佛就是人，一个觉醒的人就是佛。我们的生命之所以受困就是因为失去了觉察，被欲望驱使，执着于小我的陷阱里，在痛苦中轮回。

那如何觉察呢？觉察有三界，也是完形心理学认为的觉察包括的三个范畴：对自我的觉察、对环境的觉察、对自我与环境的觉察。一般所说的三界：即中界、外界和内界。

中界，就是头脑里此时此刻的想法与念头。它是对信息做抽象化解释的过程。它包括思考、分析、判断、推理、计划、想象、预期、幻想、偏好、求完美、评价等心理活动。

外界，就是对外界事物中，除了"我"以外所有事物的觉察，是客观事实，自己观察得到的，别人也观察得到，包括看、听、触、嗅、尝的五种感官知觉。

内界，则是指"我"对这个身体与情感的独特的内在经验与觉知，是主观而不由他人得到答案的，包括情绪上的喜怒哀乐等，和生理上的酸、麻、胀、痛。当我们从头到脚觉察身体的状况时，知道哪里是放松的，哪里有些紧绷，哪里有些疼痛，哪里是僵硬的，以及内心里的情绪与感受时，我们很容易就回到当下。当下就是全部，过去的已经过去，未来的还没到来，未来为你而来，当下的每一刻组成了未来。

要时刻觉察我们是处于敞开的模式还是关闭的模式。细胞只有两种状态，敞开时外在的物质与营养能够进来，内在的物质与营养能出去，细胞一张一弛可自由流动；而当细胞遇到危险时，就切断了与外在的联系，外在的物质与营养也进不来，里面出不去，长此下去，细胞只能在一个自己的小容器里循环了。

心理学家研究发现，我们与身边的关系也是一样。当你与对方敞开时，你与对方是连接的，能量是流动的，你的感觉是温暖有爱的，你感觉你的生命是有意义的，你中有我，我中有你，你感觉与对方有着深深的共鸣，你与整个宇宙都是一体的，你充满了愉悦和喜乐；而当你与对方关闭时，你的身体是紧绷的，能量是闭塞的，你感觉到孤独与无助，你感觉到隔离、疏远与切断，你感觉即使你赚了很多钱，生命也毫无意义。你陷入了深深的隔绝与恐惧中，你觉得像个孤儿，不被理解，不被爱，有着被遗弃的感觉，你与他人、万事万物以及整个宇宙失去了连接，你的生命火焰越来越弱，你丧失了生命的热情与活力，生命变得奄奄一息。

是敞开模式还是关闭模式，取决于从小到大的生命经验形成的信

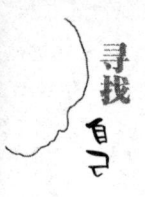

念、价值观、世界观、规条，还有所有经历产生的人格面具、盔甲以及习性反应。因此，要觉察自己的生命模式以及觉察自己的任何模式，比如思考模式、情绪反应模式、各种防卫模式，如讨好、逃避、攻击、讲道理、抱怨、受害、否认、包袱、破坏性评断，等等。

【大平心语】

修行讲究分秒觉察，然后分秒精进。觉察的核心是离开自己看自己。觉察了就慈悲了。

三"心"合一

三心，指的是道的中心、阶段中心及梦想中心。三心，是我们修炼长路上极为重要的导航仪。三心相互影响，相互联系，不可分割。

道的中心，是基础，核心是修行，找寻规律，发现本质，唤醒本性，起托举的作用。修行，修的就是慈悲与智慧。无缘同慈，同体大悲，这样才能去连接万物，天人合一。最有效的连接，就是发愿，发愿了才能更好地与众生连接。发愿，表面是度众生，本质是度自己。所以，众生即中心。道的中心的目的地，是梦想中心。但是，在前进中，必须经历"阶段中心"，

阶段中心，是过程，核心是节奏。节奏里面，包含了平衡、循环、当下。在通往阶段中心的过程中，会有怀疑、阻拦、迷失、欺骗、计较、诱惑、

攻击等，这绝对是一个煎熬的过程。当然，也要看你的心态与思维方式了。阶段中心是虚实结合，落地的过程，也是能力不断内化的过程。这个过程中，会面临很多选择，必须一步一个脚印。

梦想中心，是信仰，是众生，是目的地。这个目的地，脚未到，必须先"心到"。它不是简单的目标，而是与你融为一体的人生信仰。

梦想，需要剧本。剧本，不是你写的，顶多是你为众生代笔。梦想中心，是发愿的"愿"。所以，它起的是牵引的作用。

道的中心、阶段中心、梦想中心三者的关系是：如果没有道的中心作为基础，很多时候，人为了达到梦想中心，会不择手段；如果没有阶段中心，道的中心与梦想中心无法对接落地；如果没有梦想中心，道也会陷入死潭，无法循环。当然，梦想中心未必是唯一的，在一定时空里面，梦想中心会变成阶段中心，又或许，梦想中心其实处处在，是360度的、多维度的。如果把道的中心比作"北京"，梦想中心比作"巴黎"，那么，阶段中心，就是"小巴黎"。而且，最后你会发现，"道巴黎"比"到巴黎"要重要：那时候，巴黎就在心中，处处是巴黎，在每一个阶段，都要用"道"来感知"巴黎"。

【大平心语】

道的中心是托起，阶段性中心是平衡与节奏，梦想中心是牵引：三"心"合一。

爱自己

"缺乏爱,是一切问题的根源。当一个人的内在空虚的时候,为了填满空虚,他会利用关系,不断地想要感觉被爱,因此一段关系中往往会萌生占有欲。而当爱是一种占有时,就会产生失去爱的恐惧。人们破坏了自己与他人的自由,却声称这源于恐惧的行为是爱。真相是,人们不爱自己,关系不过是爱自己的手段,人们试图透过关系来满足自己。

一切的爱都只能从爱自己开始,爱自己便是接纳自己。接纳自己真实的样子时,就会爱上自己,与自己的内在和解,与世界和解。

真正爱自己,是欣赏自己,接受自己,时刻和自己在一起。想要达到爱自己的境界,是需要工夫的。

第一,必须真诚。

真诚,是我们开启能量之门的钥匙。失去了真诚,不愿或是不敢暴露自己,这一道屏蔽,是致命的。一旦不真诚,就会想方设法地伪装,这本身也是一种耗能。会用脑子去思考问题,却没有用心。很多时候,都是在计算,眼珠子时不时"咕噜咕噜"转。任何人想走进,他都会条件反射式地往后退,你很难进入他的内心。他的世界,就像是画地为牢那样,谁都无法靠近。当我们真诚的时候,一切都不是问题。

第二，学会主动。

虽然修炼追求"顺其自然"，但不能理解为"守株待兔"。"顺其自然"是在主动性的前提下才成立的。主动，就是你必须有自我成长的需求。没有这个需求，就没有目的性。这样，要不就胡乱学，狗熊掰苞米；要不就不愿学，闭门造车。

第三，学会请教。

所谓"三人行，必有我师焉"。要成长，就要懂得请教别人，不耻下问。因为"问比思快"，有时候一个事物的理解，靠自己去琢磨，花的成本太高了，而且未必足够深刻，有时候还会钻进死胡同。相反，请教别人，可以把他人的智慧转化，节省时空成本，内化之后，瞬间得到提升，所谓的"开窍"就是这种感觉。更重要的是，你去请教别人时，你会不自觉地养成谦卑的习惯，这是请教带来的最大的财富。

第四，体验与实践。

请教是进食，要转化成自己的智慧，需要消化、内化。所以，体验非常重要。实践，是检验真理的唯一标准。体验，一方面是检验真伪；另一方面，是把智慧与自己对接，进而融合。有时候，他人的成功之道，并不一定适合我们自己，只有体验之后，才知道哪些是适合我们的。

第五，改变自己。

体验之后，身心灵得到提升，需要改变自己。改变，是非常难的。一方面，我们很容易因为自己的角度立场、生活经历、价值观等，养成某种特定的习惯，然后认定自己就是这样子的，不可能改变的，时不时把"江

山易改本性难移"挂嘴上。另一方面，改变需要很多勇气，因为需要克服自己的"控制欲"。大部分人觉得，改变意味着要失去很多东西。其实不然，当我们改变的时候，卸下了防备，我们失去了一点点，但是我们获得的更多。改变，不是一种失去，而是一种敞开。越改变，越开放，直到"空"。

第六，提升到理论层面。

在体验、改变之后，一定要懂得提升理论。这是学习成长进入良性循环极为重要的一个步骤。实践与理论是相互影响的，这个节点的思想总结，是自我思想体系的搭建。没有这一步，就是原地踏步。通过理论总结，你会更加清晰，就像沙盘演练的复盘一样，通过复盘，你才发现这些规律，才会透过现象看本质。

如何提升理论？这是很多人烦恼的事情。其实很简单，写思想日志就是一个很好的工具。坚持每天写思想日志，就是每天都在做理论提升。即使刚开始的时候，不知道写些什么，但是"写了"比"写什么"要重要，刚开始，是养成一种习惯的一小步，这一步非常关键。

第七，无极之境。

理论提升之后，很多人觉得这已经是一个完结点了。其实，还有一个进阶：没有理论。这是一种空的状态了。如果你脑子里面装的是理论，说明你是用脑子在思考，是有形的，这些理论还没有完全和你融合在一起。就如太极的最高境界是无极。真空生妙有，妙有归真空。有了理论之后，要忘了理论，没有理论之后，才是真正有理论，那时候，你才能够真正做到"信手拈来"。如果你是靠着死记硬背来装载自己的理论,那理论就会随着记忆力或是你的精神状态发生波折,甚至记忆衰退。

当你做到以上的几点,你才是真正的爱自己。才能真正有能力去爱自己,进而去爱别人,爱万事万物。

【大平心语】

爱自己就是接纳自己。当我们真正爱自己的时候,我们生活中的一切都会运转正常。

思行并重

精神懈怠是一个态度问题,但从其本质上讲,是一个思想问题;能力不足是一个素质问题,但从其本质上讲是一个行动问题。因而,解决精神懈怠和能力不足的问题,实际上是要解决一个思和行的问题。那么,如何正确看待思和行的关系就很重要。

思与行,是人类实践活动的两种形式。思,是人的思维活动,是认识活动的核心,是内显的心理过程。知觉活动中思维成分的比例关系到一个人认知水平的高低;行,是人的实践活动,具有外显的特点,它是认识的源泉也是认识的目的。精神懈怠导致能力提升不足,能力不足加重了精神懈怠。因而解决这两个问题,要思行并重,不分先后。

精神懈怠是一种顽疾。懈怠是指松懈懒散，怠慢不敬。懈，是松弛，无所事事；怠，是停滞，止步不前。在学习、工作、思想、作风、行动和生活上表现为：在学习上，不能持之以恒、坚持不懈，拒绝新知识，抵触新事物，一曝十寒，知难而退；在工作上，缺乏主动精神和工作激情，缺少事业心和进取意识，处理事情主次不分，举棋不定，久拖不决，不敢承担责任，避重就轻，顾此失彼，碌碌无为；在思想上，自我封闭，保守僵化，固步自封，刚愎自用；在作风上，迟疑不决，浅尝辄止，纸上谈兵，华而不实；在行动上，懒散拖沓，萎靡不振，时断时续，时紧时松，时好时坏；在生活上，随心所欲，漫不经心，浑浑噩噩，得过且过。

精神懈怠成因是多方面的，但究其根本，主要是个人特质造成的，也即一个人的认知水平的高低决定的。归纳来说，有6个方面：一是理想信念缺失；二是自信心不足；三是畏难心理作怪；四是用简单轻松方式逃避艰苦细致工作，敷衍塞责，效率低下；五是能力不足，缺少自我提高的内在动力和毅力；六是积习难改，情绪起伏不定，大起大落，生活散漫无序。这都是精神懈怠的根源。

无论是从精神懈怠的表现形式还是其成因来说，都可以归类为责任意识、忧患意识、公仆意识、民主意识、能力意识的缺失。从真正意义上树立这5种意识，就是消除产生精神懈怠问题的思想良方，就是杜绝精神懈怠表现形式的最好途径。

首先，责任意识和忧患意识是紧密联系、相辅相成的。只有具备了责任意识才谈得上忧患意识，反过来，忧患意识又可以加强责任意识。

其次，树立公仆意识和民主意识，是作风问题的两个面。这两个意识是有其现实考量的，没有公仆意识，就没有民主作风。公仆意识，是相对于"官本位"意识来说的，"官本位"意识是中国两千多年的封建社会留给我们的负面遗产，这种意识的特质之一就是独断专行，它和民主恰恰是相对的，格格不入的。

树立公仆意识，既不简单，也没那么困难。关键是要明确一个服务对象的问题，就行业来说，具体到人，就是内部员工和外部来人。从浅层次上来说，衡量是否具有公仆意识的标准，一是礼貌待人，热情周到，二是帮助其解决实际问题，落脚点就是要做事、要解决问题。比如，问责制，今天能给人办的就不要拖到明天等等，这些都是具体的公仆意识的体现。因而树立公仆意识，既要做好人，更要做好事。

最后，树立能力意识。能力，可以分为两种，一种是核心能力素质，一种是专业能力素质。核心能力素质，就是一个"德"字，引申开来，就是正确的人生观、价值观和职业道德素养。在思想层面，我们要有正确的人生观、价值观，在专业层面，我们要有职业道德素养。专业能力素质，就是一个"技"字，是完成所在岗位任务，履行岗位职责所必须具备的资格和技能。在解决能力不足问题的时候，我们不能只突出"技"而忽视"德"，正确的观念是，"德"为先，"技"后之。"技"，重在勤学苦练。一"技"在手，心安，无"技"在身，惘然。

【大平心语】

行动是领导，思想是方向。行动，就是突破。

慎独境界

慎独是一种修为境界。"慎"就是小心谨慎、随时戒备;"独"就是独处,独自行事。意思是说,严格控制自己的欲望,不靠别人监督,自觉控制自己的欲望。达到"慎独"境界,树立远大理想和抱负,不断地提高自己的修养。

讲道德修养,一定要"慎独",在一定意义上,可以说,一个人离开了"慎独",也就无所谓道德修养。每个具有起码道德觉悟的人,都要"慎独",坚决纠正和克服表里不一、"双重人格"的现象,同违背道德的缺德行为展开坚决斗争。

讲"慎独",首先要在"隐蔽"处下工夫,别人看不见、听不到的地方,是一个人锻炼自己的道德品格的重要场所。中国战国时期的进步思想家屈原在《橘颂》中说:"闭心自慎,终不过失兮;秉德无私,参天地兮。"古希腊的哲学家德漠克利特也说过:"要留心,即使当你独自一人时,也不要说坏话或做坏事,而要学得在你自己面前比在别人面前更知耻。"即我们日常生活中经常所说的"隔墙有耳";若要人不知,除非己莫为。其次要做到"慎独",还要注意从一点一滴的"微小"事情做起。俗话说:"千里之堤,溃于蚁穴。"积小善而成大德。进行师德修养,要从小处起步,防微杜渐,勿以善小而不为,勿以恶小而为之。

"慎独"是道德修养的极高境界,要做到是极不容易的,需经过一个由不自觉到完全自觉的过程。苏霍姆林斯基说："一个人能进行自省，面对自己的良心进行自白，这是精神生活的最高境界。"一个道德品行高尚的人，应当在实践中不断加强自我道德修养，向"慎独"的道德境界迈进。

慎独是一种境界。在一个大的集体中，大家互相约束、互相监督，那么你可能行为无过，然而这不是慎独的境界。真正的慎独是你独自一个人的时候，你能否做到：桂花迎面吐香而不去折，小草汲水高长却不去踩，垃圾满地你欣然清扫，朋友的冒犯你毫不放在心上……慎独的境界就是人生中可望且可即的境界，是我们应该追求的境界。

【大平心语】

自律才能自尊。

慈悲即智慧

慈悲是指常常善于关怀别人，替别人着想，并能体谅和包容别人。看到天下所有的人，都感觉好像自己的兄弟姐妹和父母一样亲切。佛陀在《梵网经》里说："世上一切男人是我的父老兄弟、一切女人是我的慈母姐妹。"老子说："老吾老以及人之老，幼吾幼以及人之幼。"由此可以知道，凡是圣人都有一颗深爱人间的大慈悲心。不但圣人有慈悲心，我们凡夫也一样，本具有心怀大众的慈悲心。比如2008年中国有雪灾和地

震等自然灾害；大家感同身受送去爱心，为灾区募款捐献。

慈悲并不是单纯地忍让，它首先需要有一颗柔和、开放、勇敢的心，能够体会他人的感受，并且愿意去分担和付出。其次，慈悲是心也是行动，给予、帮助、关怀、自律、坚忍……这一切都需要行动的魄力，不是懦弱的人所能做到的。

智慧是指善于明察秋毫，并能通情达理。在复杂的环境中，找到正确点，明白世间万物。没有一个固定的相叫"智慧"。若想得到人生的智慧，就要在一切人、事、物中去体悟，在奥妙中掌握其中的规律，这样才能主动去运转各种人、事、物之间的关系，否则我们的心每天都会被千变万化的人、事、物牵着鼻子走，而困惑终身。

慈悲本身就是一种智慧，你若去观察，会发现自私总是和愚昧在一起的，因为自私的人把自己同他人完全割裂开，眼里只有自己，从来没有想过自己的利益、安乐和周围的人是有关系的。有些人甚至连自己的未来也不是很关心，只顾着眼前的自己。这样的狭隘是因为过于执着于自我。

大爱，就是慈悲与智慧。我们常说，发心很重要。当你发心为别人好、真心实意要帮助别人时，你全身的每一个细胞都是会说话的，对方是可以感应到这种能量的，他会在自觉与不自觉之间，慢慢敞开心扉，让能量进行流动，宛如沐浴温暖的阳光下，时而炽热，时而柔和，因时而异，亦如泉涓涓而流。如果你是假道士，是伪善者，行之不远。

智慧没有就是没有，怎么获得？你当然不能什么也不做，干等，智慧不会平白无故从天上掉下来。你可以从慈悲开始，试着去理解、体谅、帮助。这是在日常生活中发展智慧的方法。

【大平心语】

慈悲没有敌人，智慧不起烦恼。没有慈悲，处处自卑。

喜悦就是能量

当你充满欢喜心的时候，时空的能量会源源不断流入你的身体。喜悦的人的特点是，他们具有巨大的耐性，以及对一再显现的困境具有持久的乐观态度，以及慈悲。到达这个能级的人对其他人有显著的影响。他们持久性的关注，会带来爱和平静。喜悦是一种极大的正能量，在他们看来，这个世界充满了闪亮的美丽和完美的创造，一切都毫不费力地同时发生着。正是由于这种正能量，平常人眼里的奇迹，在他们看来却是稀松平常的作为。

如何获取喜悦的能量？实际上，整个生命的过程就是能量的获取与释放的过程。除了从饮食中获取能量外，其实很多人不知道我们还需要从虚空中获取能量。这个能量的获取其实说起来也很简单，就是"空、静"二字而已。在这个状态下，天地的能量可以随时为我所得。首先你要静下来，静下来就代表你开始减少能量的消耗，而虚，才能开始从太空宇宙中吸收能量。而能吸收到什么样的能量，则取决于你的内心，你有什么样的内心，

你就会感应到什么样的能量。这就是人以群分、物以类聚的道理。

智慧其实也是一种能量，而且是高级的、看不见的能量。智慧能量的来源需要我们能虚极静笃来从天地吸取。一个静不下来、空不下来的人是不可能有什么大智慧的。还有非常重要的一点就是，一个人拥有的能量大小是和他的心量完全成正比的，他的心量有多大，他吸取的能量就会有多大，能量越大，能力就越强。任何事情的成功都需要付出能量。

心是掌管信息的，而信息和能量是不可分割的。所以能量通道堵塞了，首先要从心（信息）来调整。一位德高望重的老和尚就曾经说过：人的每一个痛苦都有一个罪恶与之相对应，心里的罪恶不除，痛苦就不可能解除。那么，什么东西会堵塞我们的心呢？怨恨恼怒烦、贪嗔痴狂疑，这些就是堵塞我们清净内心的罪魁祸首。所以我们要解除身体的痛苦，首先就要保持一颗无私无欲的清净心。

喜悦表达的就是生命的能量！喜悦的能量是一种光芒，它把绝对世界的清净和无限的意义，转化到有限和相对的世界，这就是人生的真正意义。

【大平心语】

由内在的喜悦，再去做外在的事情。喜悦的过程，是个人与全人类融合的过程。

感恩即修行

　　生活本身就是一种修行，只要活着就要心存感恩。生活中充满了酸甜苦辣咸五味，需要尝遍以后才知什么是生活，什么是人生。人生在世本是善，本着善心才会让你看见别人看不见的美丽与光彩。心存感恩才会让你知道什么是与人为善。

　　感恩是一种修行，我们要感恩一切善待自己的人，感恩世间万物，感恩树、感恩草、感恩石头、感恩工人、感恩空气、感恩太阳，并且要知恩图报。感恩是一种生活态度，是一种品德，更是一种大智慧，一个人只有心怀感恩，才会懂得珍惜，懂得尊重，懂得付出，才会感受到人生的美好。常怀感恩之情，必得善念之恩泽，心境自然安宁。宽恕别人，就是善待自己，是一种福分。

　　每个人的心底都有一颗善良的种子，善良是灵魂的微笑，善良是对生命的感恩，是一种至善至美的心灵境界。善良可以驱赶寒冷，横扫阴霾，人生路上用一颗善良的心来对待生命的际遇，生活就会处处明媚。每一份善良如雨露，浸润着生命的最美，岁月流逝，即使有一天容颜不再，生命也会因为善良而年轻美丽，永不凋零。

　　感恩是一种修养。感恩就是学会爱别人，一个善良的人一定是温暖的人、乐于助人的人，懂得珍惜和感恩的人，不会因为小事而斤斤计较，也

不会因为得失而过喜过悲，做事肯为他人考虑，小到帮助一个人，大到心里装着芸芸众生，每一次伸出双手都带着暖意，每一次回眸都留下浅浅的笑靥。感恩是人生舞台最动人的旋律，如湛蓝的天空，干净通透，如开在红尘岁月中的兰花，散发着宁静与淡泊，诠释着生命的云淡风轻。

心怀感恩、勤于修行，就是善待万物并且知恩图报，就是用善良的雨露浸润生命，就是用温暖助人。在感恩中修行，在修行中感恩，会让心中有爱，会让生命无悔。

【大平心语】

感恩地活着，因为有很多人帮助我们，深知其中有些人已经不在，感恩才能产生爱。

格 局

格局，就是指一个人的眼光、胸襟、胆识等心理要素的内在布局。一个人的发展往往受局限，其实"局限"就是格局太小，为其所限。大格局，就是内心的强大、人生经验的丰富以及看待事物的不设限思维。一个人格局大了，未来的路才能宽！

做一个有大格局的人意味着首先要做一个入世的人，如果你对所有事情都瞧不上、看不惯，总觉得自己高人一等，只是没有机会展现实力，那么你实际上是一个消极厌世的人，你永远在被动地等待，不懂得也不愿意去主动寻求属于你的机会。入世表现在对什么事情都存有好奇之心，愿意接触，也愿意寻找在这方面成长的机会；对有技能的人抱有欣赏之心，希望主动交到朋友，能为其付出；对自己的才能优点积极展示，对自己的缺点勇敢反省。有活水来才能有活水出，不然无论你是多么广阔的江河湖海都会有流干的一天。

做一个有大格局的人要有长远的眼光，要懂得现在的付出就是以后的收获，不要整天被一点小得小失影响了情绪。付出其实是一种投资，你慷慨解囊，仗义豪情、正义真诚这些特质都会变成一种标签反贴在你身上，轻易不会被揭走。长远的眼光还意味着不要害怕失败，每一次都要对失败做一次风险评估：这样做失败的几率是多大？失败的结果我能不能承受？失败了会不会对我以后的选择有所帮助？当你有了对后果的设想时，就不会被失败打击得一筹莫展，也不会因此丧失继续下去的勇气。

做一个拥有大格局的人还需要有一个正确筛选的头脑，大格局不代表全盘接收，不代表逆来顺受，更不代表泯灭个性，大格局意味着保持开放的心胸，但同时也要懂得甄别和鉴定，要有目标、有策略地接近想接近的人，追求想达到的目标。什么事情都要接触并不是广撒网，乱捕鱼，而是保持在吸收新鲜事物上的活跃度，并且要有专业的态度。拥有大格局的人对生活的追求不止步于现状，他的头脑中永远有精华进来，糟粕出去，永远保持旺盛的精力和一颗不会褪色的心。大境界才能有大胸怀，大格局才大有作为！

【大平心语】

想问题、办事情需要大格局,不计繁文缛节,不算鸡毛蒜皮,有了大格局就会有大心肠,放下自我,乐善好施,自然成就大成果。

默 行

默行,是一种思考,是一种自省,是一种坚韧,是一种责任,是一种大浪淘沙之后的安详。因为不是所有的事情都能如愿以偿,所以只能让自己在生命的旅途中默默前行。

没有学会沉思的人,必将一事无成。人生是一场接着一场的欢聚与离散,是一段接着一段的繁华与冷落,是一个接着一个的平坦与坎坷。也许你总是与幸运相伴,也许你总是与不幸为邻,你一定要坚信,生活在一刻不停地踏步向前,行色匆匆,一切都会遗忘在时光里。

一个杰出的人,最大的优点是他的自知意识和自省精神,他不会自信地认为自己的成功源于自己的聪明和智谋。那些一事无成的人,则恰恰相反,总认为自己比别人高明,刚愎自用,所以总是以悲剧收场。

坚韧,是成功的前提。不论多么伟大的人,也难免迷失在欲望的丛林,能否从丛林的泥泞中走出,坚韧成为伟大与渺小的分野。如果我们对生活始终抱有不灭的信念和渴望,在生活的最远处,就有似锦繁花等待着你去欣赏。

生活，就是母亲生下我们来，让我们好好地活下去。所以，我们有责任让自己活得精彩。世界上最公平的莫过于时间与生命，它们不会因为你富可敌国就加倍地眷顾你，也不会因为你一贫如洗就吝啬无情地抛弃你。因此，当我们来到人世间，面对时间和生命时，我们只应感谢上天的恩赐倍加珍惜它们，而不该有任何的懈怠与荒废。

有人总是一副苦大仇深的样子，似乎整个世界都欠他的。这样的人不仅让自己陷于无边的仇恨与烦恼中，也会传染给与他交往的人，因此朋友见到他都会选择逃离。你哭泣，生活就会哭泣。相反，你微笑，你的世界就会微笑。谁不愿意看如花的笑脸？谁不愿意活在明媚的阳光下？你的乐观、你的笑容，必定让你拥有更多的朋友、更多的机会、更多的精彩。

俗话说，是金子总会发光的；圣贤说，天将降大任于斯人也，必先苦其心志，劳其筋骨；农民说，一块地，不适合种小麦，也许适合种大麦，都不适合，也许可以种荞麦，总有一种庄稼会适合的……人生苍茫，最美的风景，在默行的路上。

【大平心语】

你的痛苦、喜悦和智慧他人无法理解，因为他人没有你的经历。把痛苦和喜悦当成你的邂逅，让它们完成下一轮的转世，与你的智慧默默前行。

真善美是最好的道场

真善美是人类基本价值观的三个维度，先有真才有善，善后才会美。"真"是事物的规律，人类在实践活动中按照规律就会获得成功，从而实现人类的目的；"善"是推动生命延续的行为；"美"是在真与善的基础上产生的美感。真善美的背后是我们所得到的快乐。

在这个人人谈贫富论成败、忙忙碌碌的当下，如何让心灵透过纷攘嘈杂，在芜杂中找到秩序，在纷乱中感受宁静？爱因斯坦告诉世人："照亮我的道路，并且不断地给我新的勇气去愉快地正视生活的理想，是善、美和真。"由此可见，追求真善美才是我们走向的至高坦途，真善美是最好的修炼道场。

"真"是春风，拂去心灵的微尘。现实中往往真爱难觅，真情不再，真心蒙尘，最后，自我也迷失了。这说起来似乎有些悲凉，但许多人却是能够呼风唤雨，或是练就了百毒不侵的本领，在这尘世中也是活得如鱼得水。可是，时间久了，还有多少人记得自己曾经的那颗真心呢？说真话，做实事，那么人们之间必然能够互信互爱，世间也会一片祥和。寻求复归自然的简单之道，努力找回真实的自己，如果能在一开始就明白这些，在生活中时刻保持清醒，不迷失本来自我，以平常心待之，则会少很多烦恼。真实是悟空后的体现，真实才能看到真相，没有了自我才能看到真实，真实是修炼出来的，层次高的人未必真实，鲜花和掌声容易掩盖真实，受到尊重是件很可怕的事情。

"善"犹如三月的春雨，浇灌出生命的花朵。善的意义主要指人的心性、品德方面的体现，这种善，是要在真的基础之上的。那么，何以为善？善者，非恶也，这是一个大范围的概念，也就是说只要不为恶，也就是善了。具体而言，善的常见表现就是善良，其中有善心、善行、慈善、友善等各种形式，而更高一层的善，则是慈悲。拥有一颗善良之心的人，如果不仅仅是对自己的亲人、朋友、世间之人心生善意，对世间一切有情众生乃至无情众生都能心怀悲悯，那么也就可以说是慈悲了。古人云："勿以恶小而为之，勿以善小而不为。"只要心存善念，不应计较其形式规模的大小，随心所起，尽力而为，就是最好的状态。

"美"，是真和善的极致。在这世间，天地之美是最常见的。人的美有外貌的美，更有内在之美，而心灵美的表现形式可以有多种，最直接的，应该是一个人美德方面的具体体现。概括来说，可以有美言和美行两方面。美言，是指一个人的话语，其对象可以是人，也可以是事物，只要在人们看来，其言语真实，或是出于善意，或是能让自己满意，都可以说是美言。美行，是指一些具体的行动，在本心的驱使下，或为己，或为人，只要问心无愧，或更能利益众生，都是值得赞美的行为。美的形式，主要在人心，主观上的美或不美，往往经常改变。而美之意义，却是相对恒定的，也就是真与善，美的深处，要么是极致的真，要么是极致的善。

真善美，早就是亘古不变的人之血脉；真善美，真切地存在于生活的

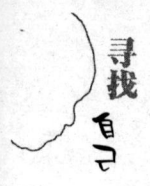

每一天；真善美，被复制与仿效；真善美，汇聚而成无穷的力量；真善美，甚至撑起夜空中一片璀璨的星空。

在泥沙俱下的世相面前，高举真善美的大旗，我们从不缺乏这样的美！

【大平心语】

悟道之后，自己就是一个道场。

第四章 梦想

梦想是放飞身躯的翅膀，让人感受到长空的辽阔；梦想是驶于浩瀚大海的巨帆，让人见到大海的澎湃；梦想是展现青春芬芳的凯歌，让人打开心扉尽情开怀地抒发为梦想腾飞的壮阔襟怀。梦想很重要，没有梦想的人生是灰暗的，是乏味的，是失败的。一个人只有有了梦想，生活才有色彩，人生才有味道，人生才是成功的。梦想是支撑美好人生的基石，寻找到自己内心的梦想并坚持下去，必将获得不一样的人生。

梦想的力量是无穷的

刚刚种下的一颗种子，就萌生了一个梦想。它会抽芽，它会成长，它会努力结出果实。在这个过程中，它无法预知未来的世界，也猜不出将面临何样的磨难，但是它有一个信念，会一直向前。大雨倾盆，被雨水浇透，暴雨即逝，尽管眼角还挂着晶莹的泪珠，也忘不了骄傲地挺直身躯；狂风来袭，被呼啸的风吹得东倒西歪，狂风过后，尽管已被吹得浑身麻木，"四肢"无力，甚至差点被连根拔起，但不曾放弃自己最初的梦想，依然顽强地挺起了娇小的身躯。日复一日，不管是烈日炎炎，还是寒风刺骨，都无法战胜它，没有任何困难可以与之抗衡，终于结出了丰硕的果实。或是籽粒饱满的稻谷，为人们饱腹充饥；或是华盖参天的大树，为人遮阳乘凉；抑或是绿意茵茵的碧草，让孩子们打滚嬉戏。这就是种子的梦想，它不是为了想证明自己是何等出色，它只是为了完成心中的梦——播种时种下的那个梦。

做什么事情都需要找到自己内心深处不灭的火种，需要超脱利益的崇高追求，有了这种最原生的动力，一个人才能把事情做到最好。

从"让每一个桌面上都有一台计算机"到"赋予个人和企业能力，成就其巨大潜能"，比尔·盖茨30余年的奋斗留给我们的启示是：

拥有伟大的梦想，并执着地去追求，终将会创造人生的奇迹，这样做还能为自己、为企业、为员工、为社会创造巨大的价值。正因为比尔·盖茨有梦想火种，他才有了今天的成就。

其实，由默默无闻者变成耀眼的成功者，需要一个过程。很多人都曾生活在这个过程的起点，但他们退缩了，没有向前跨一步，因为这一步跨出去，比他们过着一成不变的生活难受得多。于是，他们找出各种理由为自己开脱。然而，这些人无论怎样，都只能在普通人的位置上操劳一生。要知道，畏首畏尾者是不会取得成功的，因为没有一个卓越的成功者是畏首畏尾的。

你要有做成一件事的强烈愿望，并乐意为之付出代价，几乎没有事情是不可能的。

【大平心语】

要有梦想，但不要期待。梦想是一种生活方式，期待是短期结算。梦想是打开生命的空间，期待是获得具体的空间。具体的空间存在于无限的空间里，为了具体的空间，我们离开了无限的空间。

没有梦想，一定有借口

著名女作家三毛在《我的青春谁做主》一书中说："一个人至少拥有一个梦想，有一个理由去坚强。心若没有栖息的地方，到哪里都是流浪。"有梦想的人一定没有借口。相比之下，没有梦想的人一定有借口。其实，对于真正看重梦想的人来说，追逐梦想的路上永远没有借口！

很多的人，一生都生活在别人的套子里，他们按照世俗既定的秩序生活着，只求现世安稳，不求内心激荡。内心的那个真实的自己，最终被扼杀在世俗的框里。要知道，梦想一定和成功有关，"追梦"关系到我们到底能不能活出自己。这就需要把"借口"变成"理由"。"追梦"的理由有以下几点：

第一，不怕失败。

把这个词当作"追梦"的理由似乎有悖直觉，但是失败比你想象的有用。大部分人都因为害怕失败而放弃"追梦"。殊不知，这是我们学习和成长最好的一个途径！

第二，毅力。

失败会带来毅力。只有历尽艰辛，才会拥有毅力。如果你从未失败，你不会学会如何重新爬起来。每当我们重新振作前进时，我们都会更加坚强，更有能力去实现我们最终的目标。

第三，多尝试。

在人生的道路上，如果不去尝试，则是一种遗憾。要避免那种遗憾的感觉，就需要尝试。你不必去做大事，或是坐下来，为如何实现梦想而制订一步一步的计划会让你从正确的方向开始。渐渐的，你会找到通往目标的道路。更好的是：想到就去做，先开枪，后瞄准！

第四，积小胜为大胜。

如果你的梦想足够大，在前进的路上，你会拥有成功的垫脚石。小的成就值得庆祝。这些小的胜利能把你推向下一个更大的目标，不久你的大梦想就会实现。

第五，不要放弃。

不管你知道离得有多近，只要你知道凭着激情再打一个电话、再进行一次面试、再多一次，就一定会带来很好的结果。我们常常过早放弃。我们看不到未来是什么样子，可是我们能朝着梦想继续努力。用温斯顿·丘吉尔的话来说："永远永远永远都不要放弃。"

第六，树立榜样。

如果你有孩子（或将来会有），你会为他们树立一个好榜样。我们想让孩子讲起我们时，说我们惬意地坐在沙发上看情景喜剧吗？还是讲我们因对生活的激情而被别人记住？希望我们可以告诉后代什么是追逐梦想。

【大平心语】

借口多的人离梦想最远。

心在梦在

梦想无大小，关键要发自内心。梦想不是拿来比较的，梦想是用来探索自己、发现价值、绽放生命的。为什么有的人的梦想没有实现？因为不是发自内心。真心可以惊天地泣鬼神。

事实上，你的心是什么样，你的梦就是什么样，你的人生、你的世界就会是什么样。

要用坚强的毅力去找寻梦想。司马迁身遭宫刑，无疑是对人格的践踏和尊严的丧失，这样活着比死亡更可怕。但他为了一个梦，为了存在于他心底几十年的梦，那就是《史记》，他忍辱负重地活着，靠的就是他坚强的毅力，他要去寻梦，他要去实现他的梦，他要"史家之绝唱，无韵之离骚"的诞生。所以，他顽强地活下来，完成他的梦想。

用乐观的心态去对待梦想。海伦·凯勒在目不能视、口不能言、耳不能闻的情况下，依然在找寻她的梦——《假如给我三天光明》这部著作的诞生，靠的就是她乐观的心态。霍金亦是如此。他说："我还有两个手指能动，我还能思考，我还能感受爱，我很幸运！"真是这样吗？霍金的不幸乃是世人皆知，但是他认为自己很幸运，

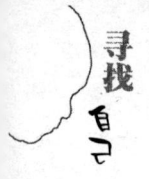

不但没有自暴自弃,反而成为继爱因斯坦后最伟大的物理学家,这岂是常人所及,这岂是一般匹夫所及!

司马迁、海伦·凯勒、霍金,是他们这些不屈的脊梁,用自己的心让困难向他们低头,让困难对他们望而却步。

就像春花孕育了秋果,就像小苗成长为大树,就像溪水汇流成汪洋。在我们每一个人的心里,都藏匿着一个看似微小的梦想,而在我们从小孩成长为大人再步入老年的过程中,其实就是我们寻梦的过程。勿忘初心,方得始终。

每一个发自内心的梦想都值得被肯定和支持。心若在,梦就在。无论是成功还是失败,无论是欢喜或是悲伤。用你良好的心态去实现你的梦,去掌控你的世界!

【大平心语】

用真心,首先要找到真心。

单纯产生梦想

梦想属于每一个人,特别是青春的少年。年少轻狂,不知天高地厚,单纯得令人羡慕,趁着年轻还来得及,不要辜负自己。去实现最初的梦想,是少年的夙愿。

　　小贵18岁，家住河北农村，他揣着美好的梦想来到北京，从他沾满灰尘单纯的脸上能让人一眼看到他单纯的内心。在他单纯的内心里藏了一个单纯的梦想，那就是能够在北京这样的大城市赚到钱，能够拥有美好的生活。快递公司给了他一个梦想的开始，承诺在他赚了足够的钱后就能把工作的单车给他。小贵所有的梦想就寄托在那辆单车上，为了自己能够拥有这辆单车，他每天都以饱满的热情快速地蹬车。小贵是勤奋的，一个月他就达到了公司要求的工作量，眼看就能拥有属于自己的单车，可在一次送快件的过程中车子丢了。车子丢了，梦想破了，赖以生存的工具没了，小贵在那一刻丢失了全部。坚韧执拗的他没有放弃，他要找到自己的车子，他要在拥有四五千万辆自行车的北京找到自己丢失的车子，说出这句话本身就拥有无穷的勇气。他不是在找车子，他是在找寻自己的立足之地，找寻出路，找寻梦想。由于小贵的勤奋和执着，再加上他的特殊情况，后来快递公司奖给他一辆单车。

　　在这个过程中我们看到了青春的梦想，看到了青春的迷惑。梦想应该属于每一个单纯的年轻人。18岁的小贵在单纯的年龄，用"追梦"的方式去解决生活中出现的问题。

　　坚持梦想，虽然开始出于功利，但追求的过程，功利已经不是目的。

梦想是最后的伙伴,你可以遗忘它、躲避它、背叛它,可它从来都在你的天空,没有离开过,等待你去接近、去实现。

【大平心语】

潜能只有在单纯的情况下释放出来。

个人可以改变世界

当某种势力特别强大的时候,我们的确需要正视它,因为动摇世界根基的力量指不定就会在某一天爆发。

20世纪70年代,美国气象学家爱德华·罗伦兹在一篇提交纽约科学院的论文中分析了一个效应。"一个气象学家提及,如果这个理论被证明正确,一只海鸥扇动翅膀足以永远改变天气变化。"在以后的演讲和论文中他用了更加有诗意的蝴蝶。对于这个效应最常见的阐述是:"一只南美洲亚马孙河流域热带雨林中的蝴蝶,偶尔扇动几下翅膀,可以在两周以后引起美国得克萨斯州的一场龙卷风。"其原因就是蝴蝶扇动翅膀的运动,导致其身边的空气系统发生变化,并产生微弱的气流,而微弱气流的产生又会引起四周空气或其他系统产生相应的变化,由此引起一个连锁反应,最终导致其他系统的极大变化。

蝴蝶效应说明，初始条件十分微小的变化经过不断放大，对其未来状态会造成极其巨大的差别。蝴蝶扇动翅膀，也许会产生台风。如果历史产生一丝改变，所有伟人也许就不会是改变世界的伟人，真正改变世界的会是世界上的每一个人。

简简单单的一个人，比起庞大的人类社会，比起浩渺的时间与宇宙，纵然是渺小的、微不足道的，但我们不能就因此妄自菲薄，觉得自己无足重轻，所做的一切不过都是大海里的一滴水。电影《云图》说："没有这一滴一滴的水，何来的汪洋大海？"你永远不知道你所做的任何一件事，在遥远的未来，会不会改变另一个人的命运轨迹，然后像多米诺骨牌一般，渐渐地改变整个世界。

说不准，你就曾是某个多米诺骨牌堆里的第一张牌，你早就改变过了这个世界。比如比尔·盖茨、马云，他们亦是个人，但他们做到了一个人改变世界。同时，现在这个社会，网络的普及让这个信念不再是那么遥不可及。网络彻底地改变了世界，让人的各种在现实生活中难以实现的想法得以实现。

事实上，你的一举一动，都是在改变世界，因为你自己就是这世界的一部分。

【大平心语】

真正的伟大是与巨大能量对接，与名利无关。

潜能是能量，你只是管道

我们总说，人生就是一场无休止的挑战赛，要求我们不断地突破自我，挖掘潜能。瓦特兄弟实现了人类飞天的梦想，这是潜能；富兰克林的"电风筝"，为人类电力发展做出卓越贡献，这是潜能；英国人亚历山大·贝尔，在波士顿曾开办过增益聋哑人教师的学校。由于职业上的原因，他研究过听和说的生理功能。后受聘为波士顿大学声音生理学教授，1873年，他辞去教授职务，开始专心研制电话，最终发明了第一步电话机，这是潜能。

吉尼斯纪录，是一种潜能；体育竞技纪录，是一种潜能；经济增长，是一种潜能；智慧提升，是一种潜能。总而言之，潜能是人类改造世界过程中，不断挖掘的能量。但这不能说明，人定可胜天！潜能，是天地的能量，我们自己只是管道。因为，潜能要符合规律，潜能要符合因果；潜能要符合人类，潜能是循环的。

其实潜能不单单是自己的潜能，更是天地的潜能、万物的能量，我们人的身体是能量管道。和道在一起时，自己是道的载体和管道，自然地把道带到任何地方，带着道的信心和坚定，生出无穷的变化。用道做事是把道当工具，需要的时候拿来用，不需要就放一边，是势利眼，是贪心，离道很远，驻足不前。

在你的人生通道上，有多种选择管道的办法。但是为了能达到一个理想的地方,每一次选择你都必须自己决定,而不要让别人给你做选择。虽然这样的决定有时会让你受伤,但是,你正走在你理想的道路上。

【大平心语】

潜能不是自己的潜能,而是天地的潜能,自己只是一个管道,宇宙的能量是自己空掉的能量。

让本能与本质相遇

沃伦·巴菲特、比尔·盖茨、马克·扎克伯格都是在20岁以前发现了自己的爱好,并大胆追求,父母没有阻挡。爱好是本能,没有受到任何干涉,非常单纯的能量,他们没有按照他人的标准行事,而是让本能与本质沟通,创造出属于自己的世界。

美国一位天才心理学家曾经说过:"忧虑是一阵情感的冲动,意识一旦陷入某种状态,这种状态将很难被改变。"由此看来,人与意识去抗争是徒劳的。意志力越强,这种抗争越显得徒劳无益。这时,唯一的解决办法只能是悄悄地渗入某种新的东西,来分散注意力。如果这种新的东西选择恰当,而且确实能激起你对另一领域的兴趣,渐渐的,你过分紧张的情绪就会缓解,你又开始恢复到原来的状态。

因此,对一个人来说,培养一种爱好、一种新的兴趣显得尤为重要。但这不是一朝一夕或凭一时的意气就能一蹴而就的事情。兴趣的培养是一

个长期的过程，它的种子必须精挑细选，然后播撒到肥沃的土壤里，要想得到籽粒饱满、需要时随手可摘的果实，还必须对它细心呵护。

要想真正地快乐，而且每次都能真正奏效，一个人必须有两种或三种业余爱好，而且必须是真正的业余爱好。一个人到了晚年才说要培养这种或那种兴趣已经有点晚了。这种尝试只能是增加大脑的压力。一个人可能具有与他日常工作无关的大量的知识，这些知识并无助于他减轻心理压力。随心所欲做你所喜欢的工作不会有助于减轻你的心理压力，你必须设法喜欢你目前所做的工作。

那些以工作为乐的人，正是那些最需要通过一种兴趣或爱好使自己适时忘记自己工作的人。像沃伦·巴菲特、比尔·盖茨、马克·扎克伯格等，他们发现爱好，发展爱好，最后创造出非凡的人生。

【大平心语】

兴趣爱好是本能的表现形式，大多无法对接社会价值。我们要判断其背后的天性，与技能训练结合，建立对接社会价值的通道。

相信是种能力

我们一生都面临着不同的抉择，也要面对形形色色的人、形形色色的事情，我们的内心总是在要求我们在做各种选择时都要有一个衡量的标准和尺度。

说实话，这个世界太复杂，太世故。所以像玻璃一样透明的人总是无法在这个世界安心、放心地生活，于是总有人披上了外衣，用厚厚的伪装来面对这个世界。这又何尝不是一种对人不信任的体现呢？相信人也是一种能力，应该是一种与生俱来的能力。

我们喜欢这个虽然复杂却色彩缤纷的世界，我们喜欢这个虽然世故却充满欢乐的世界。于是，我们就要选择相信人，我们需要交朋友。而且，一旦认定就要毫无保留地敞开心扉去真诚地对待与付出，因为你既然选择了他成为你的朋友，那就要相信他，因为那不仅是对他的信任，其实更是对自己的一种信任。

相信，产生奇迹。因为相信，人与人之间才会亲密无间，才会有美好的爱情、亲情和友情；因为相信，让我们在这个世界上不孤单；因为相信，社会变得和谐；因为相信，我们携起手来面对灾难；因为相信，人类文明才得以延续；因为相信，世界才会变得美好，人们才愿意在这到处充满神秘和奇迹的星球上存活下来，走完人生的几十年甚至上百年的光阴。

比如，信任别人才会得到友情。也许有人会说，一不小心看走眼了，其实不是你不小心，只是你看得太浅，只是你还没有真正走进人家的心里，是你做得不够好。出了问题不要从别人那里找原因，要从自身找起。即使朋友间有了隔阂也不要怕，因为总有一天他会看到你的好、你的美；即使有了疏离也不要怕，因为总有一天他会记起你的信任、你的支持！

再如，相信可以增加成功的几率。正因为你相信，你才会去努力地做，

才会不抛弃不放弃，不停地反思总结，向目标靠拢，这是一种良性循环。相信了就会努力，努力了就会看到更多的成功，成功了就更加愿意相信。反之，如果始终怀疑，那本可能成功的事情，最终也会在畏畏缩缩中失去成功的机会。人生道路上，不要总是指望着别人给你什么，然后去分析、算计、猜疑，那样永远不知道哪条路是最好的。觉得还好，就去相信一次，然后努力地去做，你走的那条路就是最好的路。

相信是人类天生的一种能力，它与心灵为伍，它与善良共存，它与幸福相依，它与美丽共舞。相信值得相信的，人生必定充满幸福和温暖，生活必定不会太艰难。

【大平心语】

信念：还没看见，已经相信了，还没实现，内心已经喜悦。

野生与圈养

按照达尔文学说"进化论"的理论，人也是动物，是高级动物。

人，作为高级动物，有自然属性与社会属性两大属性。所谓自然属性是指人的肉体存在及其特性；所谓社会属性是指在实践活动的基础上人与人之间发生的各种关系。自然属性是人存在的基础，但人之所以为人，不在于人的自然性，而在于人的社会性。在这个理论基础上，我们引申出人的"野生"与"圈养"两个概念。野生，倾向自然属性，是一种本能，但它也有社会属性的成分；圈养，倾向于社会属性，是一种后天控制。

怎样的人是属于"野生"的呢？我们常常形容一个人天马行空，无拘无束，这种人就是"野生"范畴的。怎样的人是属于"圈养"的人呢？我们常常形容一个人循规蹈矩，安分守己，这种人就是属于"圈养"范畴的。

野生也好，圈养也罢，本质上没有好与坏，只是相对而言。对于现在日新月异的时代发展，我们更应该挖掘人的野性，让自己成为"野人"；抑或说，在历史的长河中，野生的"野人"，多数能成就伟人，因为他们不按常理出牌。

野生，多有创新精神，如美国流行女歌手、词曲创作者、慈善家、演员史蒂芬妮（也称嘎嘎小姐），你永远无法预知她的下一次亮相如何装扮，这就是时尚；野生，多有冒险的灵魂，如麦哲伦，在与风浪的搏击中，发现新大陆，这就是人类文明的引导者；野生，多有奉献的慈悲，如唐玄奘，为普度众生，历经九九八十一难，取得真经，这就是世间的大爱。

过分的"学院派"，是作茧自缚。就像音乐与舞蹈，没有发自内心的热爱，从喉咙里发出的音符，即使字正腔圆却无法打动人心；没有发自内心的热爱，从肢体间舞出的动作，即使技巧高超却无法牵动灵魂。

野生的状态更具创造力！

【大平心语】

野生，是一种本能，用本能思考，是一种生活态度。野生，是一种天然，

用天然与万物对接，是一种生活方式。

两点之间是经典

世间并没有真正意义上的障碍，有的只是不同的心态、不同的路径。人有时候应该像水一样前进，如果前面是座山，就绕过去；如果前面是平原，就漫过去；如果前面是张网，就渗过去；如果前面是道闸门，就停下来，等待时机。生活中的每个时刻都是我们弃旧迎新的起点。

德国有个叫亨利·谢里曼的商人，幼年时期深深迷恋《荷马史诗》，并暗下决心，一旦他有了足够的收入，就投身考古研究。他很清楚，进行考古发掘和研究是需要很多钱的，而自己家境十分贫寒，在现实与理想之间，没有直线可走，他决定走曲线。

于是，从12岁起，谢里曼就自己挣钱谋生，先后做过学徒、售货员、见习水手、银行信差，后来在俄罗斯开了一家商务办事处。谢里曼从未放弃过自己的理想。利用业余时间，他自修了古希腊语，通过参与各国之间的商务活动，他学会了多门外语，这些都为日后打下了基础。

多年以后，谢里曼终于在经营俄国的石油业中积攒了一大笔钱，当人们以为他会大大享受一番时，他却放弃了有利可图的商业，把全部时间和钱财都花在追求儿时的理想上去了。他坚信，通过发掘，一定能够找到《伊利亚特》和《奥德赛》中所描述的城市、古战场遗址和那些英雄的坟墓。1870年，他开始在特洛伊挖掘。

不出几年，他就发掘出了9座城市，并最终挖到了两座爱琴海古城：迈锡尼和梯林斯。这样，歇业商人谢里曼就成了发现高度发展的爱琴海文明的第一人，其发现在世界文明史中有着重要意义。

此时人们才真正明白，为什么痴迷考古的谢里曼要花费那么多时间去赚钱，因为考古研究特别是发掘需要大量资金投入，也需要衣食无忧的心态。

平面上，两点之间，直线最短，而现实生活中，两点之间未必直线最短，有时迂回曲折能够更快地抵达终点，重要的是"曲线"上的坚持。其实，人的一生机遇总是有的，如果把握不住，不要怨天尤人，原因只是自己不够优秀。赶路并非越快越好，把握正确的方向最重要。只要坚持，才有可能在两"点"之间创造奇迹。

没有起点就没有终点，只有物质和经验持续不断地循环、再循环！

【大平心语】

只在起点等你，我会失去方向。只在终点等你，我会失去耐心。到了终点，发现是起点。起点与终点之间我们创造经典。

度的把握

度，是一个非常难以掌握的东西。用"讲理"来判断，应该可以确定是非问题，但是度是用情感和智慧来把握的。越多地为别人考虑，让自己的情感体会更多人的情感，就越容易将更多人的智慧嫁接在自己身上，增强对度的把握。

平衡是度的把握。喝酒不过量对身体有益；微笑不过度对沟通有益；吃饭不过量对肠胃有益；说话不过度对承诺有益……一切的一切，缘起缘灭，把握度。

事物的两面性是度的把握。任何事物都有两面性，选择时就必须是两方面同时接受。处理这种两面性，需要智慧，需要对度的把握，需要很多的磨练，这是一辈子的功课。

沟通是度的把握。每天都要面对许多问题，自然少不了沟通二字，而沟通的障碍在于，很多时候我们总以为对方明白了，不需要浪费时间交流了，其实，适当的思想交流会减少工作中的失误率。当然，沟通时间的长度，度的把握在于己——觉察、控制、磨练、真诚、投入、坚持、发愿、慈悲、智慧。沟通成本应该精打细算，但我们足够真诚、足够用心、足够有爱、足够耐心，会有意想不到的收获。

知白守黑是度的把握。知白守黑是心里清楚事情的是非对错，也看到了别人对自己的误解和责难，但不会去做无意义的辩解和证明。当与对方不同频的时候，辩解和证明会带来更多的伤害，也会消耗我们很多能量。我们只要守住自己的中心，不要因为愤怒或委屈而卷进他人的中心。有中心，就能够接受外在的变化。"知白守黑"是一种自我修炼，是对度的把握，也是一种慈悲。看到它，接受它，理解它，做自己。

开玩笑是度的把握。适当开玩笑，会增加你在朋友眼里的幽默感，从而增加自身的人气指数，同时也活跃了气氛，加深了感情。但是要把握不好度的问题，把玩笑开过了头，不仅会伤了朋友间的感情，还会伤了被玩笑对象的心，从而引起很多的麻烦。如果对女同志开玩笑，把握不好分寸，甚至还会被认为是性骚扰，以至于被告上法庭。

无论任何事情，都存在一个度的问题，因此也就存在一个把握度的问题。当然，我们把什么事情都做得"恰到好处"，是非常困难的。但我们决不能对任何事情都放任自流，不去把握。能不能把握好，是我们的水平问题，去不去把握，是我们做人的素质问题。一般来说，度的把握要遵循三项原则：第一，整体判断，从高度、深度、广度看事物的发展；第二，平衡节奏，平衡各方利益，把握轻重缓急；第三，结果负责，理性判断，敢于取舍。

【大平心语】

完美需要度，度是当下的完美，度是智慧的妥协，度是系统的和谐。

第五章 当下

放下，是一种解脱、一种顿悟，一种心灵的超然境界。放下，就是为心灵释放新的空间；就是积极地做，活在当下；心转万物，将自己置身于修炼放下的道场；就无所谓拿起与放下，一切自如，顺应因果；就是享受当下，享受过程；就是从当下开始来把握生命质量；抓住当下赶紧做，不要给生命留下太多的遗憾；就是用道对接当下产生的术。在生活中，我们应该学会放下，为心灵引渡和升华。

放下是空间

"放下"除了日常行为动作的寓意之外,更多时候,它是一个专业的佛教术语。在我们修行过程中,"放下"是一个出现频率很高的字眼。

心灵的内存有限,只有放下过去,释放新的空间,才能装下更多更美好的东西。

> 印度佛教里有这样一个故事:
>
> 有一位婆罗门,两手各拿了一个花瓶前来献佛,佛陀对婆罗门说:"放下。"婆罗门随即将他左手的花瓶放下。佛陀又说:"放下。"婆罗门又把他右手的花瓶放下。然后,佛陀还是对他说:"放下。"这时,婆罗门大惑不解:"我已两手空空,没有什么再可以放下的了,请问现在我要放下什么?"佛陀说:"我叫你放下的不是花瓶,而是你在尘世执着的心。"

一个人需要隐藏多少秘密,才能巧妙地度过一生?又有多少人,因心事过重,而走不动甚至受到惩罚?对功名利禄的放不下,出现了买官、卖官、贪官;对金钱富贵的放不下,催生了贪污、受贿、盗窃;对爱情婚姻的放不下,产生了痴男、怨女、殉情。

人之所以痛苦，在于追求错误的东西。如果你不给自己烦恼，那么别人也永远不能给你烦恼，你痛苦，是因为自己放不下。什么时候放下了，什么时候就没有烦恼了，只有放下，才能得到真正的快乐。放下的割舍是疼痛的，疼痛过后却是轻松。

只有放下一粒种子，才能收获一棵大树；你只有放下一处烦恼，才能收获一片清凉；你只有放下一种偏见，才能收获一些幸福；你只有放下一切执着，才能收获一种自在。

唯有放下才能得到解脱，束缚的心灵才能得到自由，定期删除过去的痛苦的内存空间，快乐才能运行得更快。

【大平心语】

放下，是找到自己的唯一途径。

大梦与小做

大梦包括无数的小做，这样看来世界上没有大梦，只有小做。小做的延伸就是大梦，大梦和小做是一体的。小做的本质就是活在当下，用觉察体会生命的无限。

小做，就是认真地喝这一杯水，认真地吃这一口饭，认真地走路，认真地读书，认真地游戏，认真地感谢一切！并且在这个过程中不忘大梦，去觉察体会生命的含量——过去曾经让我痛苦，未来曾经让我担忧；从现在开始，我将活出生命的喜悦！

当下小做，我释放对过去的恐惧。过去的事情已经发生了，不可能改变；但是，我能够改变我的心，改变我对过去事件的看法。我重新给它一个理解和诠释，我重新赋予它正面的意义。我对过去的事不再有失落感或罪恶感。我可以看清过去的痛苦只是我错误的认知。我不留恋或悔恨过去，我不再耿耿于怀。过去蕴含的意义和礼物，让我可以找回爱与力量。

当下小做，我释放对未来的恐惧。我对于未来也不会惊恐或担忧。不管发生什么，不管是我自愿的、或非我所愿，完全不影响我清白纯朴、洁净无染的本质，我仍然是上天所创造的完美无瑕的我。因为我已经放下了自责、放下了罪恶感，从过去那里找回爱与力量，活在当下，所以我深深相信未来一切都会越来越美好！

当下小做，我分分秒秒地觉察当下，不再与别人投射出来的负面意识相呼应、起共鸣。每当我内心起伏，不管发生怎样的事情，都不影响我内心平静的感觉。我觉察到了自己不快乐念头的来由，我可以重新找到另一个可以释放痛苦的全新想法。当我觉知到愤怒生出，我立即观照我和对方的人性弱点和内在的恐惧；我观照我内在的光明，我立刻感受内在的宁静。因为这样，无论外面的世界看起来多混乱，我完全不受影响，反而能够用我内在的平安来影响外面的世界！

当下小做，我有一颗清明澄澈的心。愿我看不到别人的过错，只看到别人的美好；愿我看不到别人的黑暗，只看到别人内在的光亮。我把仇恨

改为爱念,把妒忌转为祝福,把埋怨化为感谢,把轻视改为尊重,把怀疑转为相信,把恶意化为善意,把怪罪改为反省。

当下小做,我为自己负起全部的责任。我做的每一件好事、说出的每一句好话、想到的每一个好念头,都在改变这个世界;当我想好念、说好话、做好事,我正在改变这个世界!

当下小做,我感谢遇到的每一个人,祝福大家都生活在光明里;愿所有的人都积极、乐观、进取;愿所有的人在爱的守护下,过着平安如意的生活;愿人人健康快乐、幸福美满、平安喜悦。

当下,我心清净,幸福已经到来!这正是我的大梦!

【大平心语】

没有大小就会无边无际,没有自我就会通天通地。

放下到处都是

一个有伟大使命的人,能够做到宠辱不惊,静如止水,"泰山崩于前而色不变,麋鹿兴于左而目不瞬",这样的心态可以把逆境转成顺境,所谓坏事变好事。这就是心转万物。只因心转万物,会随时随地将自己置身于修炼放下的道场,因此放下到处都是。

放下到处都是,在日常生活中随时随地学会放下:

放下曾教导、帮助别人的念头，别人若因自己的话而受益，功不在己，而是他人有智慧可以接受。好为人师者，很多时候看到的是别人的错处，欣赏的是自己的"才智"。

放下自己做的种种功德和好事，一切都是过去。今天的善良，不代表明天的善良。尽量每天都怀慈悲善良心，忏悔每个今天做的错事、错念头。

放下自己曾经拜师的经历，老师的智慧和成就，不代表自己能成就能觉悟。光环是人家的，我们借光沾了老师的名，可是自己若不认真修行，也是枉然！

放下想让别人认可自己的心，心若为外物所牵，心就有恐怖有担忧。劝自己不要老想做最好的，凡事尽心努力过，无可怨无可悔，言语真诚随自然。

放下到处都是，在日常生活中随时随地学会放下。放下，心就柔顺了，一切就完美了；心就清净了，处境就美好了；心就快乐了，人生就幸福了。

【大平心语】

用心感受的时候、放下自己的时候，天地能量就进来了，急的时候能量就进不来了。

拿起，才是真正的放下

　　人生就像是一次长途旅行，不停地行走，沿途会看到各种各样的风景，历经许许多多的坎坷。如果把走过去看过去的都背在身上，就会给自己增加太多额外的负担，阅历越丰富，压力就越大，还不如一路走来一路放下，永远保持轻装上阵的状态。即使是那些曾经让我们难过的、痛苦的事情，也不妨让它们消失在回忆中，不必耿耿于怀。

　　佛说"放下，就会自在"，人生中之所以有那么多的烦恼、怨恨、情仇，归根结底就是学不会放下。于是，人们负累前行，使原本可以轻松的步履变得沉重，在生活的重压之下辛苦奔波。其实，只要懂得放下身上的包袱，我们就可以活得自在洒脱。很多时候，你追求的越多，失去的反而越多。一个人不可能得到所有想要的东西，与其背负重担疲于奔命，不如选择放下，轻松启程，享受路上悦目的风景，体会平静祥和的人生。放下就会快乐。只要你适时放下，快乐就会来到你身边，但有多少人肯放下呢？只有真正放下的人，才能步履轻盈，在人生的道路上走得更快、行得更远。

　　然而，这只是放下的第一个境界。放下的最高境界，其实是拿起，拿起才是真正的放下。换而言之，真正的放下，是已经无所谓拿起与放下，一切自如，顺应因果。本来无一物，何处惹尘埃。当然，这样的境界，是极高的，是修炼到一定层次或是悟性极富天赋的修道者，才可以真正觉知的，我们只能是在念头上，有所觉察。

　　现实中，很多人因为自己"无法放下"，而自责不已，其实，这也是一种"执着"。红尘中修炼，"无法放下"本身是一种客观，应当先接受这种事实。另一方面，你要经历过"拿起"，才能真正知道什么是"放下"，你连"拿起"都没经历过，说"放下"多半是纸上谈兵。正所谓"洗尽铅华方为真"！

【大平心语】

真正的放下，是拿起。

当下即过程

当下即过程。如果一个人固执和着急，就会与环境产生摩擦，受到挫折，能量就降低，时间久了，会产生无奈和厌世情绪。事物发展是有过程的，固执是心胸小，着急是太贪心。享受了当下，就享受了过程，过程本身就是结果。

我们有梦想，想要成为一个人人敬仰的人。如果我们一出生就被人敬仰，那么时间久了，那些本是光芒万丈的景致也黯然失色，变得习以为常。如果说赚很多钱也是一个梦想的话，那么精彩的不是这个买那个享受，而是通过一系列的策划和努力换来成功的全过程。

这个世界上的人都忙于赶路，都想要平步青云直上云霄，可是那对于整段人生来说留不下深刻的印象。因为世上的所有都会随着时间流逝而烟消云散，唯一可以刻在自己内心深处的只有自己孤独奋斗的那些时光，那

些日子虽然苦涩，却真实地属于自己。

生活本来就不该是一湖静水，只有流动的水才能感受一路上的风景是美还是不美，只有不停地行走才能感知和体会更多。是否在挫折的时候感到自己很无助、很痛苦？当别人驾车从自己身边呼啸而过的时候，是否为自己一个人漫步路上而失落？其实，快有快的好，他们可以直线到达目的地，但错过了路上的风景。慢有慢的好，虽然离目标还有很远的距离，但对于路过的每一段风景都可以慢慢品赏。也许，你觉得自己像是一个被上天遗忘的孩子，你想要实现的总是要比别人付出很多努力。然而，你的人生有这些努力不刚好比别人多了很多经验吗？总之，你拥有的都是你自己一步一个脚印走出来的，属于自己的东西，多花一点时间又怎么了？

人类之所以焦虑、痛苦，是因为从来只记得结果而忘记还有一个词叫过程。过程才是真正充实我们人生的风景，只有这个过程才能展示人生最真实的东西。所以，不必羡慕别人，不用和别人比较，最美的不是结果，是过程，最重要的也是过程。

当下是一个过程，是的，最美不是站在终点俯视世界，而是看到自己一路走过的脚印，深深浅浅地印证了艰苦努力的时光！

【大平心语】

"做到"是一种过程，而柔软，才能欣赏生命的过程。

生命的质量从当下开始

埃克哈特·托利在《当下的力量》中说:"人们总是用一生来等待开始新的生活,这是很常见的现象。等待是思维的一个状态,意味着你需要未来。你不要此时此刻,你把希望寄托于未来。丧失对当下时刻的意识,会大大降低你的生命质量。"因此,我们要从当下开始,来把握我们生命生存的方式、生存的方向、生存的质量。

每天清晨,当我们睁开眼睛,就有全新的24个小时在等着我们去度过。这是宝贵的恩赐!通过自己的努力,我们可以让这24个小时带给自己和他人以平和、喜悦和快乐。

生命的质量就在此时此地,在我们心中,在我们所做的、所看到的万事万物之中。当下并非缥缈离尘,而在于我们能否真的触摸它,感受它。我们无须长途远行,就能享受头顶的蓝天;我们无须离开城市甚至我们的四邻,就能欣赏孩子那漂亮的眼睛,甚至我们呼吸的空气也是喜悦的源泉。

当下,是世界最美的风景。在当下,我们可以觉知地微笑、呼吸、行走、用餐,在这之中感受触手可及的无穷快乐。然而,我们总是娴熟于为生活做准备,却并不擅长于生活。我们知道如何为一张文凭去牺牲十年的光阴,愿意为了得到一份工作、一辆车、一套房子等而拼命工作,却很难能够记得:我们也活在当下这一刻,证明我们活着的唯一的这一

刻。一呼吸，一踏步，都能充满当下的喜悦与恬静，而我们所需要的，仅仅是醒觉，活在当下。

风来了，雨走了，身在红尘心不染，这就是境界。生老病死并不可怕，可怕的是你没有活过，心存恐惧，恐惧不可以活在当下，错失了丰富多彩。活在当下，生命的质量就在眼下这一刻。

【大平心语】

当一个人着急的时候，就把自己丢掉了，开悟有一个很重要的因素就是活在当下。

抓住当下，赶紧去做

人生苦短，经不起漫长的等待。很多事情，都被一个"等"字荒废了：等将来，等不忙，等下次，等有时间，等有条件……等来等去，只等来满腔悔恨、一头白发。谁也无法预知未来，及时行动才是王道，否则，很多事情可能会一等就等成了永远。所以，应该抓住当下，赶紧去做，不要给生命留下太多的遗憾。

很多人都有这种病：明明有很多事情要做，一方面心里催促自己赶紧去做，行动上却不愿意去做，一直拖，然后看着事情越堆越多，就很烦、很纠结。其实这是懒惰和得过且过。对此，别轻易说改不了，改不了是因为压力不够重、没到迫不得已的时刻，是因为还有所仰仗、有余地、有退路。从这个意义上说，把每天都当成"最后一天"来过，也未尝不可。

做事是经常的，出错是难免的。别把自己扮成圣人，别用完美来苛求，只有略去过去的败笔，才能书写未来的华章。我们的错误在于，面对过错不敢正视、不愿承认、不思改正，而是用另外的错来遮掩、来辩解、来衬托，结果错上加错，越错越远。回头多了，路就难走；放过了曾经，后面才有海阔天空。

赶紧做，就不要给自己任何借口浪费时间。如果你先喝杯咖啡，看看网页，再听听歌，时间早就飞过去了。常常抱怨时间太少的人，就是将它们浪费在了那些无谓的事上，或者，花在了思考太多对自己其实毫无意义，甚至让自己变得消沉的事上。

一位老教授来学校做演讲，礼堂座无虚席。老教授的一生真可说是辉煌夺目，专业造诣深厚，桃李满天下，对绘画、书法、文学也颇有研究。在一个半小时的演讲里，他幽默风趣地讲述了自己的生平，人们听得激情澎湃。演讲快结束时，老教授请大家提问交流。有个同学站了起来："教授，您这么成功，是否可以传授我们一些经验？"老教授笑了，慈祥地望着大家，说："你们自己先想想看。"底下开始交头接耳，窃窃私语。一会儿，老教授轻轻地拍了下桌子，说："别想了，快去做吧。我的演讲就此结束，谢谢同学们的捧场。"听众愕然，静默片刻后，突然爆发出热烈的掌声。

时间对于每一个人都是公平的，常常抱怨时间太少的人，就是将它们浪费在了那些无谓的事上，或者，花在了思考太多对自己其实毫无意义，甚至让自己变得消沉的事上。每一天，如果你做你会发现，你做任何事的效率其实是可以成倍提高的。

【大平心语】

不做，不知自己的潜力在哪里，不知自己的问题在哪里，不知高手有多高，不知机会有多大，不知风险有多少，不知风景有多美，不知世界怎么看你。

当下有术

当下有术强调的是，抓到一个问题的本质，不断追问，发现了真的，假的就看清了。结果与过程是一体的，当下最好。当下有术的核心是，用道对接当下产生的术，道术结合，才是有生命的当下之术。

道就是道理，就是规律。术就是技术，就是方法。有道无术，魂不附体，只能坐而论道，束手无策，无法行动；有术无道，体不附魂，只能手忙脚乱，乱闯乱试，事倍功半。因此，道能够承载当下的术。

有道无术乃魂不附体。现在许多思想相互激荡，各种新思想新思潮不断涌现，但这些思想对现实究竟有多大的推动作用，需要我们认真辨析。有许多东西是坐而论道，没有具体的方法和途径。思想如果没有可以实现的方法和途径，就会像天上的风云一样，不接地气永远也不可能形成有效的降雨。因此说要抓住当下，必须有术，即研究"抓住当下"的思想。

有术无道乃体不附魂。在实践的层面上，人们往往忽视了术背后的理论支撑，理论精髓没有弄清楚就去实践，结果是盲打莽撞，一阵散打，抓不住关键点，出现许多问题，这个不行，就用那个，总是用传统的思想观念去解决实践中的新问题，这样根本解决不了问题。任何有效的方法都必须是有理论支撑的组合拳，而不是东一榔头西一棒子的散打，没有理论支撑的方法就是体不附魂，都不可能取得好的效果。

"道"既然如此重要，那么如何理解"道"呢？道，是宇宙万物的根源、天地的母亲、生命的依据。《道德经》第二十五章中这样描述"道"：有一种由混沌构成的虚空妙有，在苍天和大地产生之前就固有而存在，它就像那无形的丝绣一样纵横而交错，形成了虽然无形但却致密的制御力，它的这种性质独立而永久存在，没有什么力量能够使它改变，它是化育天地的根本，天地万物的运行也必须以它为基础，不知怎样称呼它，给它勉强起了个名字叫"道"，再勉强形容一下为大，大到无限好像在消失，消失得渺远莫辨，虽然渺远莫辨，但它却以它那无形的力量反过来作用于有形的事物之内，成为宇宙万物维系的根源。

原来道在当下，人就浸泡在道当中，起点也是终点，此岸即是彼岸。这和近代科学家的发现有惊人的相似，爱因斯坦的理论认为：假设望远镜

可以观察到无限的宇宙空间，它的终点一定是观察者的后背。

人的本性灵源就是道的本体。道创造、制约着人的生命，人的行为符合于道者，道助之以生，背道而驰者，道制之以消亡。我们现在所遭遇的一切，都是道与术的结果。是故，爱人者人常爱之，谦下者人皆敬之，付出者会收获更多，外其身者身存，后其身者身先，知足者富有，惜福者不穷，仁者无敌，爱惜物命者长寿，厚德者常有遐昌，无私者成就自身。

"道"乃规律，只有掌握规律，做事情才能简便，才能成功。"术"乃方法，只有掌握方法，才能行其道，将理想变成现实。每一个人都要处理好道与术之间的关系，以道为立身之本，道术结合，用宇宙大道对接当下的术，才能在纷乱的世界里找到人生方向而不会迷失。术用一时，道用一世。

【大平心语】

所有术，都来源于道。最终，还是看你这个人！一切因于己，果于己。

第六章　幸福

每个人都希望自己幸福,幸福是什么?恐怕一百个人有一百种回答。其实,真正的幸福,是用感恩和慈悲的尺子衡量幸福,是懂得怎样去爱,是勇于担当,是相互理解,是甘于付出,是接受自己不完美,是接受这个世界的无常,是用正确的方法养育孩子,是伴侣间的心心相印,是感受父母大爱。幸福是人生中最快乐的时刻,那些转瞬即逝的幸福感,总是那么耐人寻味。做到上面这些,就是幸福。

幸福的尺子

每个人都是幸福的,关键是用什么样的尺子衡量幸福。人们喜欢用攀比的尺子来衡量自己的幸福,结果始终不幸福。因为用攀比的尺子衡量自己,永远是痛苦的、自卑的;用感恩和慈悲的尺子衡量,永远都是幸福的,因为感恩和慈悲就是为他人创造价值。

用感恩的尺子衡量幸福,幸福才会常驻心中。

英国哲学家约翰·洛克说:"感恩是精神上的一种宝藏。"德国哲学家弗里德里希·威廉·尼采说:"感恩即是灵魂上的健康。"法国思想家让-雅克·卢梭说:"没有感恩就没有真正的美德。"大师的名言,足以让我们认识到感恩的重要意义。

感恩就像甘露既滋润了被感恩者的心也滋润了感恩者的心,也像太阳照亮了人间,驱除了黑暗寒冷。感恩是心灵之桥,让人与人之间不再冷漠孤独。感恩就是幸福,只有心存感激,不忘他人滴水之恩的人,才是幸福的人。感激之心反映了我们的生命活力。

有人说如今的社会人心浮躁,不满情绪太多,其实是如今人们的心中缺少感恩的思想。感恩的心就像水中放进的那一小块明矾,能沉淀水中所有的渣滓,感恩的心能消除人们的怨恨和不幸。感恩就存在于我们生活的每个时空里,一句感谢的话、一句赞美的语言,甚至眼中流露的谢意,都

是一种表示感恩的行为,更是一种心与心的真诚交流。

心理学认为懂得感恩的人是善良的人。善良的人会始终保持泰然自若的心理状态,这种心理状态会把血液的流量和神经细胞的兴奋度调至最佳状态,从而提高了集体的抗病能力。有句话说得好:用加法的方法去爱人,用减法的方法去怨恨,用乘法的方法去感恩。感恩是一种爱的回报,只有懂得感恩的人,才是真正快乐幸福的人。

用慈悲的尺子衡量幸福,能够保有一颗祥和之心,过得幸福。

法国思想家罗曼·罗兰说:"幸福是灵魂的一种香味,是一颗歌唱的心的和声。而灵魂的最美的音乐是慈悲。"星云大师说:"慈悲是家庭幸福美满的动力,是社会安和乐利的基石。"

慈悲是人生真正的宝藏,是真正的生命,它能使人产生祥和之气。一个人无论处于什么地位,过哪一种阶层的生活,只要内心安详就可以过得幸福。而一个拥有很多物质享受,却不了解宇宙真理,内心纷乱的人,生活对他而言,反而是一种惩罚;拥有得愈多,他的痛苦也愈多。幸福的来源就是爱与慈悲。如果人人都有悲天悯人的慈悲心,那么每个人也都会从内心感到幸福快乐。

慈悲是家庭幸福美满的动力,爱惜口中的语言,用慈悲的爱语化解暴戾气氛,能使家庭趋于幸福。慈悲也是社会安和乐利的基石。用慈悲的心灵关怀众生、用慈悲的眼神看待万物、用慈悲的话语随喜赞叹、用慈悲的双手广做好事,能使社会趋于平和。因此,拥有一颗慈悲的心是幸福,懂得慈悲的人拥有整个世界。

每个人都有追求幸福的权利，其实不乏追求幸福的机遇，关键是对幸福的认知理解。所有人不可能站在同一条起跑线，关键在于我们学会用自己的幸福标尺去丈量，而不是总想着与他人比高低，自寻烦恼。

【大平心语】

幸福不在于手中有什么，而在于心中有什么。

这样去爱

如何去爱？爱需要赞美自己的亲人，爱需要宽恕自己的亲人，爱需要祝福自己的亲人，爱需要找到自己的中心。这样去爱，才是幸福。

爱需要赞美自己的亲人。巴尔扎克曾说："如果我们能够发自内心地给亲人以赞美，向亲人表示感激，那我们的生活可能会有一番新的景象。"从心理学的角度讲，任何人都有被肯定、被赞美、被欣赏、被羡慕的心理需求。被赞美是令人愉快的，因此，应当给家庭成员之间的相互付出以肯定，应当为他们的成就而鼓掌。而这种成就，有时也就是织一件毛衣或者烧一道好菜而已。

爱需要宽恕自己的亲人。对陌生人发脾气会让自己缺失安全感，因为你对接下来会发生什么无法预知。对亲人苛刻是因为你的潜意识告诉你，就算说了再刻薄的话，亲人也不会离开你。因此，对真心关怀你的亲人首

先要克制情绪化冲动,还要有更多的宽容,多换位思考,多细心感悟,不要"麻木"!

爱需要祝福自己的亲人。有家的地方就有亲人的祝福、亲人的支持和理解。我们每个人都来祝福自己的亲人或者说个愿望,会增进亲情,也有助于亲人梦想成真。

爱需要找到自己的中心。爱的中心就在你的手里,因为你掌握着爱的方向,因为你知道如何去爱。你必须找到除了爱情之外,能够使你用双脚坚强站在大地上的东西,这是你自己的中心。记得要常常仰望天空,记得仰望天空的时候也要看看脚下。要开朗,要坚韧,要温暖,这和性格无关。全世界只有一个你,就算没有人懂得欣赏你,你也要好好爱自己,做最真实的自己。

爱是非常抽象的东西,是一种感觉、一种体味、一种身心超越现实的纯美反应,精致敏锐,牵动着整个身心和悲喜情绪,而且力量巨大。懂得怎样去爱,才能发挥爱的力量,才能幸福。

【大平心语】

赞美自己的亲人吧,他们会绽放;宽恕自己的亲人吧,他们在老去;祝福自己的亲人吧,他们在期待;找到自己的中心吧,这才是幸福。

担当产生伟大

担当源自感恩，源自大目标，源自发愿。担当的人，人生是圆满的、喜悦的，是与世界连接的。当然，担当的路上也有荆棘，所以在生活条件日益优越的情况下，娇生惯养，不愿意担当的人，也是社会的一大问题。除了不承担的，也有一些人口口声声强调自己在担当着。其实是冠冕堂皇，因为这种口口声声、巴不得全世界都知道自己在担当的人，一定不是真正的担当。

真正的担当，是一种习惯，是一种生活，是一种信仰，没有担当意识的担当，才是大承担！因为担当，已经是他血液中流淌的一部分了，无须再唏嘘什么！只有担当的人，才有可能成为伟大的人。从另一个角度讲，伟大在于担当，世界任何一个伟大的人，无不是勇于担当的人。越是伟大的事业，越需要勇于担当的品格，越是勇于担当的人，越有幸福的成就感。

所有伟大的事，都是矛盾体。没有被人侮辱的人是无法伟大的。从这个意义上说，是朱安成就了鲁迅，同时鲁迅却在痛苦中为别人承担着痛苦，这就是伟人的伟大之处。所以，当人处于困境，而能给予关心、帮助的人，也在某种程度上替别人担当着痛苦，这就是伟大的人。不论是一句温暖的

问候、真诚的关切、善意的关注,还是物质上的帮助。

【大平心语】

责任在于胸怀,担当需要平静。责任重大的人,不会随意振臂高呼,以免责任摔落破碎。

理解的作用

世界充满了多样性,人们拥有不同的文化、语言和信仰,他们代表着不同的传统、习俗和价值,相对于彼此间的相似性,我们很容易察觉到人们之间的差异性。因此达到互相理解不仅重要,而且也很必要。

一方面,互相理解是建立友谊和各种关系的基础。只有当双方互相理解,他们才能把异议放到一边,互相合作。异议一直都存在,但是有时候人们需要达成共识,提高办事效率,如果他们可以彼此理解,愿意达成共识,这有利于他们建立长期的合作关系。

另一方面,互相理解可以让人们避免冲突。人们之间不可能一直保持意见一致,他们有不同的文化、信仰、历史背景等,因此他们在处理事情方面会有不同的方式,也许一些人的做法和我们相悖,在这个时候,我们需要尊重他们的信仰,不要和他们争论,避免冲突。

总地来说,我们应该分享彼此的文化和传统,这样我们才可以互相理解，让事情更好地进展，创造一个和谐的世界。

【大平心语】

如果理解，我们没有距离，世界没有距离，梦想没有距离，一切没有距离，一切都不属于我们，一切都是我们的，一切都是空的，一切都是有的，一切都是因果，一切都是正常。

付出即境界

对事情的付出，可看到一个人的认可度。认可度又是一个人的境界。有的人不是不想付出，而是不知如何付出。付出有多种方式，有的人付出金钱与财物，有的人付出时间和技能，有的人付出热情与能量，有的人付出生命与信仰。任何一份付出，都收获一种境界。

有个寺庙，因藏有一串佛祖戴过的念珠而闻名。念珠的供奉之地只有庙里的老住持和7个弟子知道。7个弟子都很有悟性，老住持觉得将来把衣钵传给他们中的任何一个，都可以光大佛法。不想那串念珠突然不见了。老住持问7个弟子："你们谁拿了念珠，只要放回原处，我不追究，佛祖也不会怪罪。"弟子们都摇头。7天过去了，念珠依然不知去向。老住持又说："只要承认了，念珠

就归谁。"但又过去了7天,还是没人承认。老住持很失望:"明天你们就下山吧。拿了念珠的人,如果想留下就留下。"第二天,6个弟子收拾好东西,长长地舒了口气,干干净净地走了。只有一个弟子留下来。老住持问留下的弟子:"念珠呢?"弟子说:"我没拿。""那为何要背个偷窃之名?"弟子说:"这几天我们几个相互猜疑,有人站出来,其他人才能得到解脱。再说,念珠不见了,佛还在呀。"老住持笑了,从怀里取出那串念珠戴在这名弟子手上。说:"能想自己,更能想别人,就是佛法。"

这个故事很感人。付出一旦有交易,心就很容易失衡,说明发心有问题。故事中留下的弟子愿意成就别人、为别人付出,不惜经历磨难、受到委屈,这不仅是一种境界,更是一种智慧。心中能时常想到别人的人,不成功都难。不是所有的事情都需要说清楚。然而比说清楚更重要的,是能承担、能行动、能化解、能扭转、能改变、能想自己,更能想别人,顾全大局,这就是法。我们需要这种付出,我们需要这种境界、这种大智慧。

【大平心语】

付出越多,爱的能力越强。

看开了,就没事了

比较自我的人,需要用觉醒、呼吸、打坐来调整自我,发现了自我,自我的破坏力就小了,接受自己不完美,接受大家对我的评论。看开了,就没事了。

人类对美的追求从未停息,我们都渴望变美,希望得到关注和认同。现代生活中人们对形式美感的追求似乎远超对内容美感的兴趣,我们挑剔着他人的样貌,我们或自卑或不满,我们急于表现自己的"完美"。"既然太阳也有黑点,'人世间的事情'就更不可能没有缺陷。"车尔尼雪夫斯基如是说。"尺之木必有节目,寸之玉必有瑕疵",又有谁,是真正完美的呢?大多时候,我们缺少的,不是发现美的眼睛,而是认同美的勇气。

事实上,这个世界跟我们预期的常常不一样,目标计划也常常无法实现。当别人失败气馁的时候,我们都会安慰别人,"没关系啦,事情总会有办法的时候"。那么,你怎么就不能这么安慰一下自己:也许我的人生会出现不完美的情况。人生能做到说走就走的洒脱毕竟很少,大部分人都在柴米油盐中挣扎,或许你觉得有太多无能为力的事,有太多的梦想没有办法实现,那你怎么就不能学着就算遗憾也默默接受呢?

没有人从生下来到长大都是完美的,没有人能够一开始就随心所欲地

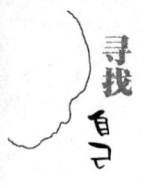

过自己想要的生活。也许你觉得毫不费力的事情，其实别人也在默默坚持努力了很久。这方面没必要和别人去比较，或许浪迹天涯是别人的追求，你不是也应该找到自己的追求吗？全世界所有人都去旅行了，你也想说走就走；全世界所有人都开始谈恋爱了，你也想有个异性朋友。但是你真的需要吗？

完美的都是别人的人生，残缺的都是自己的命运，别把自己放在弱者的位子上自暴自弃。就算会有遗憾，就算很多的梦无法实现，就算常常觉得无能为力，你也应该过好自己的每一天，不浪费地过好每一天，不让明天出现今天的懊恼。等你老了，也许遗憾会少一点。

【大平心语】

我们为什么不能接纳自己呢？因为我们追求完美，好高骛远。完美主义，就是拿自我标准加于灵魂。

无常即平常

无常是这个世界最好的礼物，无常打开我们无限的空间，无常教会我们无常。接受无常，享受无常，创造无常，融入无常，把无常当成平常。在中心觉察无常起伏，在道里体会因果循环。

人生之中，种种无常已经超出了我们所碰触的一切。看似漫不经心的一切不幸，戴着无常的面具突然肆意地露出了它狰狞的面目，是所有人无法去准备面对的，让人防不胜防。而人的本性会在这样的不幸面前连选择的余地都没有。当我们遇到坎坷、挫折时，要把曲折的人生看作是一种常态，不悲观失望，不长吁短叹，不停滞不前。把走弯路看成是前行的另一种形式、另一条途径，这样我们也可以抵达人生的远景。把走弯路看成是一种常态，怀着平常心去看待前进中遇到的坎坷和挫折，这将助我们更好地走出自己的人生精彩。

所以，当我们遇到外部变化的时候，我们要坚守自己的中心，之所以能坚定，是因为这个中心不是以利己为目的的，是融合以创造价值为核心的。有中心就不会掉入对方的中心，不会因为情绪的变化干扰自己的判断和原则。中心就是自己的信仰、能量的来源。

当你喜欢百花开放的芳华艳丽，也要学会欣然接受枯叶凋零的落寞孤寂。这就是乐活花道所倡导的禅意花的最高境界，你的心在那里，你的花就开在那里，香气扑鼻。

【大平心语】

规律就两个字：因果。无常中也有因果。无常就是变化莫测，是自然规律。

有一种迫害叫溺爱

孩子的成长关乎家庭几代人的幸福。现代家庭孩子越来越少,大多数生活在城市的家庭因为生活压力,很多都会选择只要一个孩子,就算是国家政策开放的情况之下,很多夫妻也不愿意再多生一个孩子。在孩子少的情况之下,溺爱也就成了家庭教育中最常见的弊端。

有一位老板后悔没培养儿子的德行和独立,把儿子送到国外,给儿子钱花,结果儿子不开心,没有方向。有一次,老板把儿子用缆车送到半山腰,指望儿子与从山上下来的人同行,结果发现儿子内心恐惧。

后来,这位老板终于明白:孩子自己挣钱,才会珍惜劳动,感恩父母,认真学习,谦虚待人,才会有成就感,发现自己的兴趣和方向。不要给小树苗浇水太多,要让小树苗扎根,向大地要水。"不让孩子独立,就是在害他!"他深有感触地说。

也许在父母的眼中,溺爱只是一种爱孩子的表现,让孩子生活在父母的关爱之中并没有错,但是溺爱到孩子连生活都不能自理的话,那就不是爱孩子的表现,而是害孩子的表现。溺爱,会令孩子失去对生活的独立,一旦有一天他们离开父母的视线，他们将无法独立生活，连最简单的生活自理都成问题，这样培养出来的孩子无疑是一个次品，对孩子的一生都会造成很大影响。

不再溺爱，就要从小培养孩子独立。很多情况之下父母都没有意识到自己对孩子的关心过多了，一直把孩子抓在手心里不肯放手，导致孩子没有机会学会独立，当他们面对问题时，也就不知道要如何面对，更别说想办法解决问题了。因此，父母要从小有这样的意识，放心让孩子成长，有意制造机会让孩子们面对问题，并自己想办法解决问题，哪怕他们解决不好，也是一种锻炼，日后遇到相似的情况孩子就有了经验，也就能独自想办法去解决问题了。

不再溺爱，就要进行吃苦教育。吃苦有助孩子成长。对于现代的孩子们来说，他们出生在较好的社会，生存环境也很好，并不需要太多努力就能得到较好的成长。正是因为如此，过于顺利的成长环境会让他们失去对生活的拼搏和进取心，而吃苦教育则能有效地帮助孩子们培养和训练这一环节。父母可以从小让孩子参与家庭劳动，让孩子感受劳动带来的感悟和收获，让孩子独立完成相关工作，洗衣做饭、去野外实践等等，都是很好的吃苦教育。

不再溺爱，就要从小培养孩子自信。很多孩子表现出不自信，遇到问题时想都不想就退缩，这也跟父母们平时的教育方式有关。过多的包办和溺爱导致孩子对自己失去自信心，他们觉得自己什么也不会，平时都是父母出面，遇上问题就只能退缩。这不怪孩子，只能怪父母的教育出了问题。

父母平时一定要多鼓励孩子,即便孩子做得并不好,也要用赞许的目光看着他们,给他们勇气和力量,孩子的自信心就倍增了,遇到问题时也就能自己面对和处理。

孩子有自己的人生,独立、吃苦、自信是孩子必须经历的,如果溺爱,就是浪费宝贵时间。人们常常称对孩子包办代替太多的父母为"发贱"。贱人培养的孩子,是贱贱人,即把孩子的功能全废了,最后是见不得人,即无能之人!

【大平心语】

崇高要与自然对接,要引导好孩子,才能促其成人成事。

养育孩子的幸福

养育0～6岁的孩子时,请做到给予极大的爱、关注与关怀。孩子成长期间,你需要倾注大量的爱、注意力和关心在孩子身上。同时,还要试着尽量不要说"不"。持续地说不,孩子就会渐渐产生暴力倾向,孩子的内在还没有可以接受拒绝的系统。这个阶段的孩子在经验宇宙与生命,所以尽可能陪在他身边。6岁已经决定了孩子的一生。

养育6～12岁的孩子,则必须做到在自由与纪律之间取得平衡。太少的自由,他就永远都长不大,给予他太多的自由,又有可能会伤害到自己，建立他的内在界线。父母要成为孩子的榜样。孩子是天生的模仿家，要是看到父母互相尊重，他自然会学会尊重；孩子不会听你说什么，他只是模仿自己所看到的。

对待12岁以上的孩子，建议你成为孩子的朋友，带着尊重来爱他。这个过程里面没有指令，只有建议和提问。帮助你的孩子思考与做决定。如果父母在这个说"不"的阶段试图去压抑孩子，孩子长大后，会习惯性、无意识地在生活中对每个人都说"不"。

对于孩子的课后学习，这里给出"亲子六法宝"：一是绝对禁止高压、打骂孩子的做法，建立平等的关系；二是真正地无条件地爱孩子，给予孩子精神意义上的爱；三是一定要尊重孩子的独立人格；四是用正面的方法教育孩子，时常对其鼓励表扬；五是调整亲子关系，这是最重要的一点；六是要注重孩子品格和精神的培养，而非一味追求分数。

教育孩子是三分教七分等。所谓"三分教"，是指教诲要适量。说教过多只会让孩子产生逆反心理，适得其反。所谓"七分等"，是指父母要尊重孩子的天赋秉性、成长步调，对孩子要保有耐心，让孩子去尝试、去体验、去失败、去追求成功。孩子的成长，需时日和世事的打磨，绝不可能一蹴而就。揠苗助长，只能得不偿失。

你对孩子的爱的程度、爱的方式，会造成孩子成为你内在的样子。换句话说，养育孩子是幸福还是悲哀，取决于你的爱。这个说法其实一点不过分。

不管多大的孩子，他都是一个独立的生命，都必须被尊重，尤其是被

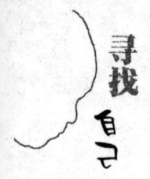

父母尊重。

孩童时期的我们对父母的肯定非常敏感，我们将父母看作神。我们如何看待与体验我们与父母之间的关系，对我们成年后对自己的看法有着深重的影响。不知不觉的情况下承传了他们的恐惧。我们身体的每一个毛孔都吸收他们的信念能量。如果在孩童时期我们没有从父母那里得到足够的无条件的爱，我们内在的这个小孩就会生成一些负面的基本信念，以及各种充斥着恐惧与不确定感的信念。诸如，我不够好、我必须自律、我不是好人、我必须勤奋努力、我很害怕做错、我不配被爱、我不可以与众不同，等等。

你认为本然的自己不够好，必须付出一定的努力以获得他人的肯定和赞赏。因为我们如同绝大多数的孩童一样，觉得父母常常无法赋予我们无条件的爱。

事实的真相是，你的父母已经给予你他们所能给予你孩童时期的一切。只是他们因为自身那些负面的基本信念无法爱自己，也因此无法用爱的光芒照耀他人。他们并未有意识地抑制或剥夺对你的爱，在大多数情况下，他们自己也还不知道什么是爱。孩童时的我们，不断地做出各种努力以赢得这种爱。"无价值感"与"不安全感"开始逐渐成为孩童时期我们的基本感受。这个感受一直伴随着我们，尽管我们已经长大，但这个内在的小孩一直都还在那里。

【大平心语】

为人父母是最困难的角色之一，尤其是如果你没有得到足够的爱，那要你表现爱也是很困难的，你不知道怎么做才是爱孩子。而当你具备这些知识，一半的问题就消失了。

伴侣之间的幸福

唯有透过亲密关系，才能真正了解自己，看清自己，从而修正自己，最终了悟无条件的爱。如果你把亲密关系当作学习无条件的爱的途径，那么你的决心就能让你度过"不可能的难关"，而体验到更美好的快乐和亲密。这就是伴侣之间的幸福，这就是伴侣亲密关系的真正目的。

男人是位出租车司机，白天在外到处奔波，晚上回到家里已是疲惫不堪。偏偏女人一见他回来，总喜欢缠着他说个没完。而他，只是勉强地应上几声。

时间长了，女人渐渐地恼了，一如往常地买菜做饭，却很少理他，脾气开始变得暴躁。因为他用完东西没有放回原处，因为他回家后未能及时换鞋子，因为他偶尔抽了一支烟……为了这些鸡毛蒜皮的小事，女人常常对他大动肝火。这样的日子让他越来越郁闷，甚至有一种窒息的痛苦。他不懂，自己在外拼死拼活，不就是为了

让她过得舒服一点吗？为什么她一点儿都不能理解自己呢？

有一天午休时，他和一位老司机聊天，说起自己对婚姻的失望。老司机轻轻拍了拍他的肩膀："兄弟，以后回家无论多累，都要打起精神陪她聊聊天，不要多，十分钟就够了。"

那能有用吗？他半信半疑。那天下班回家后，尽管他依然很累，可他还是满脸笑容地喊了一句："老婆，我回来了。"女人从厨房里探出头，淡淡地回了一句："回来了。"

换好衣服，他没有像往常那样陷在沙发里，而是去了厨房："老婆你辛苦了，我来吧。"

"你会干什么？"女人不屑地问了一句，但还是随手丢给他一根葱："剥好洗洗。"那一天，站在厨房里，他给女人讲着车队里的种种趣闻，讲着自己遇到的各种乘客，甚至还提到自己小时候的一些事情。女人一边应着，一边不停地炒菜。

晚餐桌上，女人难得往他的碗里夹了许多他爱吃的菜："你跑车辛苦，多吃点儿。"一晚上，他们边吃边聊，他感到一种从未有过的舒畅。

晚饭后，他刚要伸手去收拾碗筷，女人挡住了："我来吧，你累了一天，好好歇歇。"女人端着碗筷去了厨房，哗哗的水声传了出来。与之相伴的，是久违了的女人的歌声。也就是从那天起，他每天下班回家总是先陪女人聊天，给她打下手，听她说些单位里的大事小事。坚持一段时间后，他便发现，往往没聊上十分钟，女人便将他往厨房外赶："跑了一天早就累坏了，快去歇歇吧。"更让他惊喜的是，她对他越来越体贴了。

爱她，那就用心地陪陪她，不要多，十分钟就够了。女人要的并不多，一个爱她、心里有她的老公，回来能和她说说关于他在外面的一切，仅此而已！不过分吧。男人们，不要等她的心凉了，才说爱她。把心掏给了你，你却假装没看见，因为你不喜欢，有的人把你的心给掏了，你却假装不疼，因为你爱！

【大平心语】

如果尝试操纵伴侣，使其行为有所改变，当伴侣没有任何改变时，就会感到挫败，并与伴侣保持距离，以至于对伴侣的爱消失，对彼此间关系感到失望，甚至绝望。

感悟父母大爱

有一种爱，在你出生前就已付出；有一种爱，为你付出却不求任何回报；有一种爱，被你忽视了，却很重要。这爱以你为本，给你这爱的人，将你的欢乐化为欣慰的笑脸，将你的忧虑化为悲伤的眼泪。这就是父母之爱，是不可以不感悟，不可以也不能丢失的爱。

　　你是否有这样的经历,早晨出门时,妈妈总是一遍又一遍地说:"出门小心点,靠边走,骑车慢点。"无数个早晨,这声音总会回荡在耳畔。

　　你是否有这样的经历,无论是小时候,还是现在,每当生病时,父母总是陪伴在身边,询问病情,照顾着你。

　　你是否有这样的经历,当完成一天的学习回到家中时,妈妈早已准备好饭菜。这饭菜虽不很华美,但却让你疲惫的身心得到真正的放松。

　　这点滴的小事中,蕴含着父母深深的爱,它伴随着我们成长。失败时,给我们鼓励;气馁时,给我们动力;伤心时,给我们安慰。它充满我们的生活,无时不在,无处不在。

　　曾几何时,这爱被我们忽视,被我们习惯,以为是理所当然。甚至有时父母的叮咛被我们视为唠叨,父母的关心,让我们觉得多余。父母的爱在我们这里变得不值一提。因此,有人说:"父母爱的付出,就如同石沉大海。"难道我们忍心让这世间最美好的爱就这样黯然消失,难道我们就真要这样无动于衷吗?不,我们不仅要赞美这爱、感激这爱,我们更要让这爱之海荡起美丽的涟漪。

　　一杯热水虽没有奶茶的香醇,但它却代表着我们对父母的关心;一句"爸爸妈妈,你们辛苦了",它虽不及诗歌壮美,但可以传递我们对父母的感激;一次考试的进步,虽没有高中榜首的兴奋,却可以向父母证明我们的努力。这些事谈不上雄伟,也不能说很壮丽,但它们却可以折射出我们对父母的爱。

　　不要等到那一天,当给你这爱的人离去,当你失去这爱时才去珍惜。

因为，那时已经太迟了。所以，无论你曾经是否留意这爱，是否静下心细细感悟、品味过这爱，那么，从现在开始，请你感悟它。

在所有关系当中，最重要的就是与父母的关系。你的父母并不是活在你之外，而是在你里面。感悟父母大爱，从父母为你点滴的付出中感悟；感悟父母大爱，从反省你曾对它的丢失中感悟，从你对父母的感恩中感悟；感悟父母大爱，你会发现你与父母之间的隔阂消失了，你会发现父母不知何时已成为你最知心的人。感悟这爱，从现在到永远，世界是如此美好！

【大平心语】

理论上，所有人际关系都反映了你与父母的关系：如果你与父亲不和，财务可能就会出问题；如果你与母亲的关系很差，就会产生不必要的障碍。

第七章 创业

创业，开创事业，其实也是开创人生。因此带着人生修炼的意愿去创业，成功的几率会更大，而且会发展得更顺畅。人生修炼与创业并行，需要创业者具备以下素质：演绎好"价使愿"这个思想沙盘；具有归零心态，敢于"清零"，获得新的开始；有给予的情怀和境界；正确看待输赢；注重培养高效、环保、合作、信用等普世情怀；具备创业者必不可少的标准；把握创新要素；了解创业成本；经营好与合作者的关系；做好沟通与管理；管理好时间；辩证看待细节与全局；学习价值与价格的相关知识；把握原则与灵活的统一，真正从"道"的层面去"抓"事物。这些修炼和创业的内容，是创业者成功的基础。

创业者的思想沙盘

梦想需要路线图，以及实现梦想的战略。实现梦想需制作两个沙盘：思想沙盘和实战沙盘。思想沙盘需要高度，实战沙盘需要深度，执行时要有灵活度，即思想对现实的及时指导。

所谓思想沙盘，是指价使愿。价使愿是价值观、使命和愿景的简称。价值观就是什么是最重要的，做人做事的标准和准则。使命就是为什么而做，找到使命就是找到生命和寿命。愿景就是平时说的梦想和理想，就是成为什么。

这里要说明的是，价使愿的成因源于身心灵的修炼。价使愿是个人与组织连接的结点，它是企业家"身心灵"修炼的结果。

身是身体，所以一个健康的人，首先要爱护自己，锻炼身体；心是心智，一个完全成熟的心智，并不是指头脑强大，而是敞开、柔软、全然、谦虚、慈悲与智慧；灵是灵性，是空的境界，是一种完全的、开悟的生命状态，这是修炼的果，当然也有一些天赋因素。身心灵的具体内容，包括之前几章所讲的关于生命、人性、内修、梦想、当下、幸福等。身心灵，是我们生活与工作的源泉。我们首要的事情，是要与自己的"身心灵"进行对接。把生活与工作问题处理好了，自然"你若盛开，蝴蝶自来"。

总之一句话：身心灵主导着价使愿和经营三大秘籍。如图2所示。

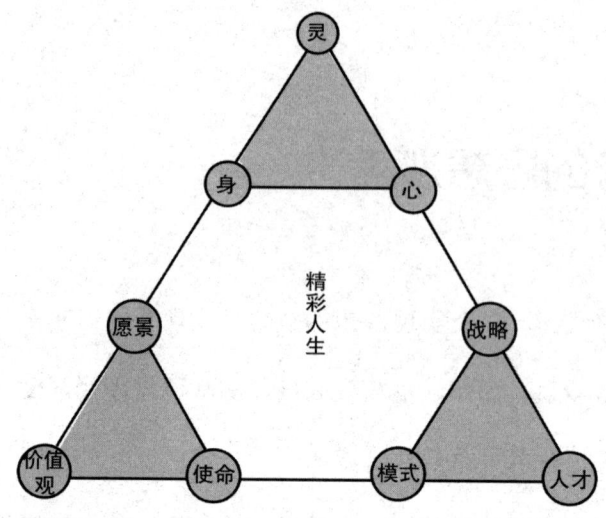

图 2　身心灵与价使愿、经营三大秘籍的关系示意图

如何理解创业者的思想沙盘——价使愿？事实上，企业经营的每一个步骤都需要价使愿的支撑，因为价使愿是企业经营的核心。

价值观是一个人的根本，如果说不清楚，创业也就很难走远。多数的创业者定位就是"我就是赚钱"。其实从"赚钱"本身来说一定是对的，但是从价值观的方面来说就是不对的，因为价值观涉及做人做事的标准和准则。比如，首先创业者得确认自己还不是很牛，有没有开放的胸怀，是否善于跟别人合作，是否具有坚韧不拔的精神，是否有韧性等。创业者如何做人做事，也是投资人决定是否投资的重要考量。

使命感会使创业者觉得自己做的事是重要的事情，因而更加专注。创业能否最终成功，跟能力和智力有一定关系，但最主要的是跟人性有关。就是说你创业到底是为什么？这不是能力的问题，而是世界观的问题。为顾客创造出价值，这个过程中你会很开心，创业也往往较容易成功。

愿景是创业者的初心。愿景的价值体现在两个方面。一是明确产品方向。愿景是未来三五年甚至更长时间内，公司的价值所在，同时，也是产品开发、验证的方向所在。愿景即方向，没有明确的方向，产品就缺灵魂和骨架，在此之上的产品开发、迭代，其实是"随心所欲，盲人摸象"；二是聚集有共同目标的人。这个非常重要。那些真正对愿景认同、对产品认同的人，会沉下心来，即使屡败，也要屡战。创业公司应该找到这样的人，特别是早期核心的团队成员。

总之，价值观是解决人与人之间的合作问题，企业要有一个安身立命的东西，要在一个价值观约束下去做事情。并且大家都相信会达成这个愿景，肩员共同的使命。

【大平心语】

实战时的迷失是因为思想沙盘的不清晰。

归零即归宿

卡耐基有一个很重要的理念：你的生活是由你的心态造成的，你有什么样的心态就有什么样的生活，你有什么样的选择就有什么样的结果。今天我们要想获得事业成功，首先就要调整、完善、升华自己的心态。如果心态不正，纯粹以赚钱为导向，就很难做大做强这个事业，甚至会起到破

坏作用，成为时代前进的绊脚石。

归零的心态就是空杯、谦虚的心态，就是重新开始。第一次成功相对比较容易，第二次却不容易了，原因是不能归零。生活就是不断的重新再来。不归零就不能进入新的资产重组，就不会持续性发展。在此之前，你可能有过很高的地位，可能拥有很多的财富，具有渊博的知识，但是当你来到全新领域的时候，你一定要有一个归零的心态，因为这是一个全新领域，隔行如隔山。

犹太人被排挤，乔布斯被排挤，结果他们得到了"归零"的洗礼，生命得到了绽放。张大千的泼墨和星云的一笔字，是因为视力下降，吴冠中烧画也是让自己"归零"，归零找到归宿，欲望太多容易迷失。

事实证明，只有心态归零你才能快速成长，才能学到这个行业的技巧与方法。如果你要喝一杯咖啡，就必须把杯子里的茶先倒掉。否则把咖啡加进去之后，就茶也不是，咖啡也不是，成了四不像。有句话说："谦虚是人类最大的成就。"归零的心态就是一切从头再来，就像大海一样把自己放在最低点，来吸纳百川。虚心使人进步，骄傲使人落后。

【大平心语】

"归零"的洗礼，让生命绽放光辉。

境界就是竞争力

你要打拳，必先收拳；你要得到，必先给予。赢得人心的最高境界是"给"。给予是一种情怀和境界，给予的境界就是创业者的竞争力。

在纽约通用电气大堂，有一幅史诗般的巨幅油画，展现的是美国的发展历程，画面强调了两个重要人物林肯和艾默生，分别代表探索和思想。一个公司有着国家的情怀和境界，值得尊重。

作为创业者，要遵循给予法则：给口德，得饶人处且饶人；给面子，中国人最讲究的是面子，不给面子是最大的无礼；给信任，生性多疑的人不可能有真朋友，有多少信任就有多少成功的机会；给方便，所谓"与人方便自己方便"；给谦让，锋芒毕露者处处树暗敌，因此创业者需要放下身段；给理解，创业者需要理解一般人不理解的事；给诚信，所谓"无信不立"，此为经商第一要义；给实惠，空头支票万万开不得；给感激，不感恩就别指望再有下次；给激情，成功需要激情，开朗热情，有助于成功；给形象，把形象打造成品牌；给爱心，永存仁爱之心，易获他人合作。此外，还有给宽容、给合作、给善良、给倾听、给宽恕、给说服，等等。总之，创业者要想成功，首先要有"给"的境界。

授权也是创业者的一种境界。授权能力是竞争力的重要内容之一。

很多的企业管理者希望"授权",但缺乏正确的"授权"心态,最后权力授了出去,责任还在自己身上。正确授权,第一是"授权"的心态。责任授出去后一定要坚决不再干预,否则容易出现"授权不授责"的现象;第二是需要配套的管理机制,做好监控,减低授权风险。"授权"是一个管理者必备的能力,要真正做好"授权",先需要有正确的"授权"心态,再配合合理的管理机制来提供一个安全的"授权"环境,这两个"授权"的基本条件缺一不可。

【大平心语】

竞争力比市场份额更重要。

输不起,已经输了

中国有句古话:"胜败乃兵家常事。"胜败都是过程,由此又有一句古话,叫作"不以成败论英雄"。但是在实际生活与工作当中,我们把成本看得非常之重:不能输!输不起!其实,输不起的时候,就已经输了。

俗话说:"失败是成功之母。"这是被无数事实所证明了的一条真理。在通向成功的路上,失败几乎是难以避免的。但对于奋斗者来说,失败就意味着成功。事实上,任何事情的成功,无不与失败有着千丝万缕的关系。

我国著名的生物学家童第周上中学时,曾考试不及格,老师叫他留级,同学们都嘲笑他,但他没有悲观失望,而是从此奋发学习,最后终于取得了优异的成绩。出国留学时又刻苦钻研,成了著名的生物学家,为中国争了气。

现在有的创业者一遇到困难,就沉浸在沮丧、痛苦之中,失去了自信心,有的甚至放弃了反败为胜的机会。难道我们把眼泪流干了,就能改变失败的事实吗?我们的回答是:不。因此我们只有坚强地面对失败,才能从失败中看到成功的希望。成功与失败是同时存在的,就像一对双胞胎。没有失败,成功也就不存在,事物的发展就失去了曲线的美丽。多次的失败预示着大成功的到来。世界上越伟大的发明创造,经历的失败次数越多,失败的程度越大。所有的失败,都是向成功前进了一步。

其实失败了又如何?最坏的打算,最好的努力,或者说,因上努力,果上自然。这就是入世与出世的态度。生命的最高境界就是接受一切。所以,不要害怕输不起。怕输,是贪,是控制,是完美主义。输不起,就循环不了,因为输也是参与循环的重要一环。

【大平心语】

表面的输赢与本质的输赢,是不同的概念。

普世价值

有人说马佳佳泡沫不过三个月,也有人说她把个人品牌做得很成功。这都不是我们讨论能有定数的事情,曾经的师洋销声匿迹,芙蓉姐姐改行演话剧演得入木三分,凤姐也在美国的海边晒着下午茶。乱世中,谁"煮"沉浮?价值使然!纵然名利双收,但是,为了这一切,他们又牺牲了多少,那一杯茶喝在口中,是苦是甜,何以下咽?到底意难平。

正所谓"鸭子凫水,冷暖自知",既然做出了选择,就请品尝人生的五味杂陈。这就是创业者存在于世间的一种普世价值!

普世价值既不是放之四海而皆准的真理,也不是人类文明的最高成果,它只是人类道德的底线,是人性最后的"阵地"。

所谓普世价值,它有两个方面的含义。第一,人类要遵从规律。顺应规律地处理人类与自然的关系。第二,人类需要大爱。借助大爱处理人与人之间的关系。大爱还包括自由、平等、宽容、公正等理念。人类的普世价值,就是追求长远和短期兼顾,注重高效、节约、环保和互助、合作、善良、仁慈、宽容、和平、信用等,做到己所不欲勿施于人、君子爱财取之有道(道德),杜绝不顾他人和整体利益的极端自私行为。

人类需要普世价值,创业者同样需要普世价值,或者说更需要普世价值!

【大平心语】

客户的价值实际是自己的价值。

创业者的标准

选择创业者有五个标准。一是社会责任感。聪明人在困难时刻会放弃,有社会责任感的人会坚持。二是好奇心。好奇心是一个人的动力,是创新的源泉。三是团队精神。一个人是成不了事的,现在不是瓦特时代,现在是互联网时代了。四是资源整合。好的情商可以整合各种资源。五是好身体。好身体是学习和创业的基础。

社会责任感就是在一个特定的社会里,每个人在心里和感觉上对其他人的伦理关怀和义务。一个有社会责任感的创业者,应该具备三种品质:一是坚持道德上正确的主张;二是坚持实践正义原则;三是愿为他人做出奉献和牺牲。带着社会责任感去创业,你一定不会觉得累,一定会做得很好。

好奇是创业者的灵魂。每一个即将走上创业之路的人,必定会在某个时刻先跟他人分享自己的伟大理念。那是一个充满危险的时刻。在你的脑海中翻滚数月的东西,令你日不能安、夜不能寐的执念,突然想要从脑袋中跑出来,想要与另一个人分享,仿佛是为了看看这是否切实可行,以确保你不是个荒唐可笑的疯子。创业过程就是有着如此多的不确定性,从概

念起它就可能分分钟胎死腹中,但无数成功者的经历表明,好奇心伴随着他们的创业全过程。

团队精神是创业者不可缺少的。在这个世界上,任何一个人的力量都是渺小的,只有融入团队,只有与团队一起奋斗,你才能实现个人价值的最大化,你才能成就自己的卓越!而团队,就是为了实现一个共同的目标而集合起来的团体,你必须要融入团队,你必须要借助团队的力量。与团队和谐相处的秘诀就是:尊重别人、关心别人、帮助别人、肯定别人、赞美别人、学习别人、感恩别人!

资源整合对创业者来说意义非凡。创业者能否成功地开发出机会,进而推动创业活动向前发展,通常取决于他们掌握和能整合到的资源,以及对资源的利用能力。许多创业者早期所能获取与利用的资源都相当匮乏,而优秀的创业者在创业过程中所体现出的卓越创业技能之一,就是创造性地整合和运用资源,尤其是那种能够创造竞争优势,并带来持续竞争优势的战略资源。

好身体是所有人的本钱,更是创业者素质要求的重要内容。创业要拼搏,但不等于拼了命去创业。命都没了,还创个什么业呢?身体是革命的本钱。如果创业者的精神状态不佳,会打击创业团队,也会影响到公司的运营。身体是革命的本钱,拼命创业很重要,但身体太差,对创业公司也是一种灾难。

人生不怕重来,就怕没有未来。重要的不是你现在在哪里,而是你将走向哪里!

【大平心语】

好人与坏人的评判标准：不看行为，看动机。

创新七要素

创新要素是指创新必须具有的实质或本质组成部分。创新包括以下七大要素：文化启蒙、专利制度、金融制度、产业基础、教育制度、司法制度、移民制度。

就前三个要素来说，文化启蒙强调创新需要文化修养作为支撑。凡有志于创新的人，首先应该具有一定的文化和艺术修养，比如应该读一些近代思想先驱的著述等。只有站在文化和艺术"巨人"的肩膀上，才谈得到进一步的创新。专利制度的初衷是为了保护创新者的权利，促进创新。但是我们无法否认，现在的专利制度可能更多维护的是那些巨头的权利而非中小创业者和个人创业者的权益。专利制度需要或正在不断改进是事实，作为个人创业者，专利意识还是必须具备的，以期最大限度地保护自己的知识产权。金融制度主要强调的是金融服务创新，为创业者全方位多角度地提供各种金融服务。创业者要利用金融服务创新提供的便利，同时要对接资本市场，用好融资渠道，为创新注入资本活力。至于产业基础、教育制度、司法制度和移民制度，是更大范围的话题，这里不再展开讨论。

就企业而言，企业的创新行为，它必然要求创新的产品在各个方面尽

善尽美。从根本上说，创新是一种社会行为。由于名牌产品和名牌企业在社会上极具影响力，只要它不断创新，诸如在技术方面、设备方面，就必然从整体上推动社会进步，从而会直接推动生产力的发展。从更广阔的意义上说，也能够推动生产关系和社会制度的变革，推动人类思维和文化的发展。

【大平心语】

平等与自由是创新的灵魂。

你的成本有多高

企业在发展过程中总会遇到瓶颈，觉得运营成本高涨，却又难以找到成本的所在，我们称之为"隐形成本"。这如同生命体暗藏的疾病，久治不愈，挥之不去，让经营者颇为头疼。如果能找到这些"隐形成本"，无疑如同找到"病原体"，那么下一步的"对症下药"一定就是再次腾飞之时了。如果能总结出企业常常存在的多种"隐形成本"，企业可以由此而进行比照自检。

一是会议成本。会议是企业解决问题和发布指令的集体活动，但是也是一个高成本的经营活动。因为这个活动往往是很多领导者参与的集体活动，每过一分钟，意味着与会人员总数的分钟数，而很多企业的管理人员并未掌握开会的技巧，都普遍存在着"会前无准备，会中无主题，会后无执行，与会无必要，时间无控制，发言无边际"的六无现象。

二是采购成本。企业的采购部门要站在整体经营的角度综合权衡各项指标，才能真正控制采购的成本支出。曾经有一家企业，在做一个新项目时，项目组每天的运营成本为8万元，可是其在产品上市前夕，采购部门为了采购10万余元的包装，竟然耗费了一周时间，理由是要找价格低廉的供应商以节约采购成本。整个营销团队因此多等待一周时间无法和客户签约。而这种现象其实在很多企业里均存在。

三是加班成本。很多老板总认为，员工在下班后"废寝忘食"地"加班"是一种敬业现象。殊不知，这可能隐含着很高的成本。理由有三：第一，加班的原因并不一定是因为工作任务太重，而是员工的工作效率低下造成的，加班意味着低效率；第二，加班耗费更多的员工精力和体力，严重透支员工的健康，长期下去，会让一些重要员工不能长期发挥其效能，并且有为公司带来负担的隐患；第三，加班员工并不一定"务正业"，有些员工在下班之余，名为加班，实际上利用公司的资源，从事个人的事情，同时还领取了公司的加班费，很多企业的重要损失、数据丢失等都发生在下班时间，而加班成为企业"藏污纳垢"的死角。

四是人才流动成本。每个员工的离开对公司都是一笔成本，因为公司要承担对这个员工的培训费等前期投入，还要承担新招聘该岗位员工的前期成本，以及新员工是否适合该岗位的风险。而老员工的离职也会因为职业素养的关系，可能流失重要的内部资料或信息，而其离职后，很可能会

进入自己的竞争对手的企业。所以,员工特别是老员工的流失无疑会给企业带来高出其收入几倍的支出。很多小企业在经营多年后,你发现他们一直是那么小的团队,而除了老板之外,没有一个员工是从企业成立当初留下来的。

五是岗位错位成本。人力资源管理中有句名言"将正确的人放到正确的位置"。可惜真能做到这点的企业真的不多。

六是流程成本。企业的乱,有太多都是因为流程,这在企业管理中是通病,凡是发展缓慢的企业,其流程一定是混乱或不合理的。他们为此承担着很高的成本,然而却一直视而不见。流程,是企业运营的产业链,就如同流水线一样,没有科学合理的流程,也就失去对各项工作系统性的控制,很多工作半途而废,还有很多工作需要返工,无奇不有。这会成为裹住企业前进双脚的乱麻。

七是停滞资源成本。停滞的资源在企业里可以说是最广泛的"隐形成本",例如闲置的设备、积压的库存、低利用率的岗位职业、闲置的资金、搁置的业务等。虽然它们不一定会继续消耗企业的投入,但它们却是企业资产中的一部分,企业会为此承担利息等隐形成本。

八是企业文化成本。说企业文化会成为成本,或许很多人不以为然,但事实如此。一些企业的员工精神萎靡,做事效率极其低下,无论多么优秀的员工只要进入,不久后要么离开,要么也会变成那样,这是"环境"问题。而这个"环境"正是这个企业的企业文化。

九是信用成本。这是一个牵扯到远期回报的成本,诚信经营如同诚信做人。很多企业,习惯拖欠供应商货款,习惯拖欠员工薪资,习惯克扣他人,习惯拖欠银行贷款,等等,认为这样可以减轻企业流动资金压力。但是从长远来看,这会成为企业经营的严重隐形成本。

十是风险成本。将企业推向快车道是每个企业家的梦想,但风险系数也因此而同步增加。特别是大中型企业,它们虽然发展迅猛、收入丰厚,但是一旦出现危机,将是灾难性的。多个案例证明,企业的风险很多都是因为预料不足或管理不善造成的,在风险发生前,都早以埋下隐患。而很多大型企业或者知名企业因为一次风险而消亡。可见,风险是举足轻重的隐形成本。而这种现象并非显而易见,实在是"不鸣则已,一鸣惊人"。

【大平心语】

信念成本高,人就怀疑。思想成本高,人就错失。时间成本高,人就贬值。沟通成本高,人就繁忙。执行成本高,人就低能。

用人性与世界对接

这个世界之所以能够宽容彼此价值有差异的人,是因为建立在人性的基础之上。在不违背人性的前提下,人们应彼此宽解、尊重,而不是朝着别人扔石头。一个宽容的、活性的社会,是能容忍差异的。

在洛克菲勒中心有一个雕塑，体现的是一个人的五个面孔，痛苦和变形写在脸上。洛克菲勒中心关注的是人性普遍存在的问题，而不是企业简单的利润收入。在它看来，世界性的公司要关注人类最本质的问题，否则无法与世界对接。

洛克菲勒用人性与世界对接的精神，具有普遍意义。

人性的优劣俱存，重在把握。了解自身的弱点，然后鞭策自己扬长避短，凸现自己的优势，从而成就美好的人生。首先，不要让来自外界的戾气触及自己的灵魂。人的一切烦扰皆因心而起，内心强大了，谁都难伤害到你。有容乃大，心境宽了，心情自然平和宁静，遵循自己内心来生活，做一个快乐的人、简单的人、纯粹的人；其次，努力避免那些阴暗、负面的东西来干扰自己的情绪，影响自己的生活质量。从容自持，正念爱人。唐代诗人寒山子有一首诗说得好："心不逐诸缘，意根不妄起。心意不生时，内外无余事。"正向的人性可以相互滋养。用人性与世界对接，就要克服人性的弱点，如抱怨、索取、浪费、拖延等，发挥人性的优点，如宽恕、赞美、开心、自由、包容等，融入这个世界并散发正能量！

【大平心语】

人性，就是找到人自己。

修行是创业的基础

禅修,是修行的方法之一。

禅修,就是外不着相、内不动心,核心在于觉察。

很多时候,我们理解禅修,就觉得应该是深山野林,或是在一个宁静致远的环境中,其实不然。禅修,重在修,而不在于禅。禅是一种方式,修才是根本。重禅不重修,是一种逃避,是消极意义的禅修,是小我范畴的。

修了,才敢去是面对自己,建立中心。

修了,才是真诚的,海纳百川。

修了,才能去连接,参与循环。

修了,才能落地生根,不随波逐流。

修了,才有生命力,源源不断。

修了,才能体会喜悦,才能创造。

修了,才能拥抱当下,自然合一。

修了,才能真正空掉,去"法执",而不陷入"禅"的框。

创业究竟是一场修行。

【大平心语】

修行是让人们发现自己、发现规律;修行是让人们绽放生命,滋养众生。

修行两重天

修行,有顿悟和渐悟。顿悟,需要天赋与悟性,可遇不可求;渐悟,将信将疑,摸索中前进,是大多数人的方式。

与顿悟相对应的,是"信愿行"。这种途径,进入状态比较快,执行力强,快刀斩乱麻,在行动中修正。

与渐悟相对应的,是"闻思修"。这种途径,属于慢热型,做之前,先要预热,要把理论和自己先结合下,内化成为自己比较容易接受的方法方式,才去执行,一般不轻举妄动,有点打游击的味道。

信愿行,是阳;闻思修,是阴。

无论"信愿行"还是"闻思修",心都必须向善,不得有邪念,这是根。

无论"信愿行"还是"闻思修",创业、修行都是在路上,没有终点。

无论"信愿行"还是"闻思修",两者都不应决裂分离,应该有融合。

【大平心语】

理可顿悟,事需渐修。从慈悲出发,觉察、连接、转化。

真正的循环,是与天地在一起

循环是舍。舍是播种。只求收获,不愿播种,是贪念。然而很多人觉得这是理所当然的,甚至跑到寺庙里面祈福,也是希望"不劳而获",财源滚滚,福慧双收。最典型的例子,就是中国人的求财吉祥物:貔貅——只进不出。

循环是空有一体。真空生妙有,妙有归真空。空有即阴阳,空有一体,阴阳互根。这样才能产生无穷无尽的生命力。

循环是自然和谐。任何大循环,一定是以"自然和谐"为基础的,在这个基础上,再借力用力。通俗地举例:都江堰水利工程,就是用"自然和谐"的力量,通过"疏导"分流,而不是简单粗暴的"堵塞"来防洪。而现在三峡工程为什么备受争议呢?因为它利用的是"堵塞",而不是"疏导",失去了自然和谐的本性。

"且夫天地之间,物各有主苟非吾之所有",我们不要妄想着去占有某个事物,我们就在循环的通道里,和万事万物同在,与天地在一起,就足够了。

什么都不是我们的,什么才能是我们的。

【大平心语】

循环是缘分的聚散,循环是能量的流动,循环是生命力的体现。

发愿,更显王者风范

发愿,是内心喜悦的能量与外界的连接。最近一段时间,"发愿"成为我着重与大家分享的关键词。甚至在微信群,我都不时开展"微课堂",阐述发愿的意义,以及重要性。

当然,对于"发愿",大家的理解暂时还是分层次的,这种现象,是可以理解的。就像新鲜事物出现,不同人对其抱有的态度,是不一样的。

很多人认为,发愿,也要等一切都准备好,不打没准备的仗;发愿,要有规划,自己思路要清晰,不能胡思乱想;发愿,要抱有负责任的态度,人要讲究信用,不能胡吹瞎扯;发愿,要符合逻辑,不能超出自己的能力范围,等等。这些,都是发不出"愿",或者对"发愿"抱有排斥心理的人的借口和潜台词。

我们暂且不谈论这种心理的对与错,毕竟存在,就是一种合理性。

愿,严格讲,可以有大与小。每个人的能量不同,愿,应当与你的能量相匹配。当然,这个能量,应该包含你能整合的资源,最重要的,是你内在的潜能。很多人,小看了自己,却以为是一种谦虚。其实,有时候,当仁不让,更显王者风范。

愿，是心量，不是体能。很多人，一讲发愿，就开始计算、推理：我行不行？做这个需要多长时间？要什么模式？战略？资源？各种管理学理论，物理化学定律浮现脑海中。凡是这种思维的，都是将困难放在第一位的，多数考虑的都是自己，最重要的，是用脑子思考问题，而不是借助"心"的能量，这是十分有限的。

愿，是众生共同完成，不是由你来主导。我们为什么被"愿"压住了，因为，我们总是想着这个事：是我的，是我来主导的。其实，真正的"愿"，也不是自己的，都是众生的，你发愿，不过是宣告，你要参与进来，跟志同道合者一起努力，享受这件事情。

愿，超越时空。因为"愿"是众生的，所以它必须超越时空的限制。不一定限制在某时某地完成，它是自然延续的。玄奘西天取经，这个愿，现在还在发酵；曼德拉苦坐牢狱，为"肤色种族"事业奋斗终身，这个愿，依然发光发热；习近平提出"中国梦"，这个愿，也在全国人民的拥护下、亚太友好关系的支持下，一点点呈现雏形。

【大平心语】

发愿是借假修真，假戏真做，透过发愿，提高自己的能量和境界。

沟通与管理

在沟通与管理当中，我们总是陷入一个死胡同：我是为你好，所以我要改变你。然后，就是长篇大论，大道理一波未平一波又起，奔袭而来，硬塞给对方，要求对方接受，而且按照这个方式去改变，否则，就是朽木不可雕，就是孺子不可教。甚至，还陷入自己好心没好报这样的"呜呼哀哉"泥潭里面。

这样的方式，是值得商榷的。第一，问题对错、看法黑白，都是相对的，也许角度不同；第二，发心是好的，但是方式也很重要；第三，最好的沟通，是行动，而不是长篇大论。

那么，什么样的方式，能够比较有效地实现沟通的目的、管理的效益呢？答案在"启发"二字。启发，是心与心的交流，不是脑筋与脑筋的较量；是行动与行动的对话，不是语言与语言的辩驳；是真诚与平等，不是高低贵贱；是慈悲与智慧，不是怜悯与智商。

如何才能学会启发别人呢？第一，同情心、同理心、慈悲心，三心合一。越往上，启发的力量越大；第二，行动。用行动去影响，本质是启发自己，用行动来说服对方，是最高等级的影响；第三，分享。用自己的感受来分享。不要见到黑影就开枪，就事论事。有时候，你平淡无奇地、真诚地分享自我的经验，反而会起到润物细无声的效果；第四，发愿。

发愿的人，有能量，而且是看不见的，而又能被清晰感受到自然的能量，这种能量，可以无限地启发别人。

在日常的工作与生活中，我们没能很好地进行沟通，原因就是缺乏模式的认知。这就需要对沟通诸要素进行整合。

在企业中，领导者需要空性，这样才能站在更高的层次看待事物；在生活中，聆听者同样需要空性，这样才能更好地抓住对方的需求，贴近心灵的距离。何谓空性？空性，就是无。通俗地说，就是不拘泥，无限宽广。但在实际中，我们很多人无论在哪个时空，都喜欢带着自己的主观意识，带着所谓的标准答案与人沟通，甚至经常在对方还没阐述清楚前，就掐断对方说话，武断地下结论，做决策，一副睥睨一切的模样。这是一种病态。以下，我们分析一下病因。

第一，成功人士。

我们说，谦虚使人进步，骄傲使人落后。反过来，当人成功以后，很容易萌生骄傲自大的心理，不可一世，认为自己永远是对的，是最牛的，别人比不上自己。

第二，高级知识分子。

曾几何时，"知识改变命运"，被世人奉为真理，有了知识，改造世界与认识世界的能力，就大不相同了。大学生、研究生、硕士、博士、海归，这些曾经就是高能力、高效、高薪的代名词。但在实际工作中，这些人也会有"技高一筹"的自我优越感。殊不知，"知书"善可，"达理"不足，更高的标准，需要把知识化为智慧，更加谦卑去对待身边的事物，方能海

纳百川。

第三，控制欲强。

控制欲强的人，表面看很强悍，实则是自卑与恐惧在内心作祟。希望操控所有细节，听不得别人的任何建议，甚至明知道别人的方案是更好的，也不情愿听取，一意孤行。因为这样，才不会失控，失控意味着失去，这是控制欲强的人的病根。

第四，自傲。

这种人是典型的恃才傲物，不把别人看在眼里。心高气傲的他们，实质上，做事浮躁，不踏实，喜欢急功近利，抄近道，耍小聪明。当然，唯一他们会讨好的，就是老板或是利益相关者，不过，是谁都知道，那些都是很虚伪的。

第五，个人英雄主义。

这种人，心是好的，比较真诚，做事积极，脑子转得快，对于事物，有自己独特的见解，能量场也很大，很容易在一个组织或是群体中，鹤立鸡群。不过在心态方面，还欠缺稳定性，觉得自己无所不能，典型的救火队长形象。如果不戒掉这种心态，很容易"好心办坏事"。

第六，急性子。

心急吃不了热豆腐，不过，职场上，急性子的人，比比皆是。急性子的人，觉得稳一稳，等同于拖沓、浪费时间。他们的标准，就是"快、狠、准"，人生座右铭离不开"时间就是金钱""浪费时间就是浪费生命"。有时候，急性子的人，办事速度快、有效率，但是也有遭遇滑铁卢的时候。

我有最经典的一句话：快就是慢，慢就是快！

【大平心语】

沟通的三种形式：第一种是表面沟通，寒暄礼貌，家长里短；第二种是事情沟通，就事论事，各取所需；第三种是能量沟通，直达本质，高能互动。

管理时间

上天对所有人最公平的就是无论这个人是谁，不管他的种族、性别、经济实力、社会地位怎样，都一律给他一天只有 24 个小时。每天的 24 个小时是我们每个人都拥有相同的时间资源，为什么有的人可以管理一个国家，有的人可以做全球的生意，而有的人管理一家小公司都忙得晕头转向？

你真的那么忙吗？你真的没时间吗？可以说时间是一种资源有限的商品。就人本身而言"创造时间"是不可能的，不过，你一定能够在有限的时间里完成更多的事情。一旦时间荒废掉，就永不再现。一旦时间流逝，就只有更少的时间去做想做的事情。

没有人认为自己浪费时间，实际上人们对此浑然不知。如果你没有按时完成每一天的目标，就只会浪费更多的时间。如何管理好自己的时间呢？可以从以下几个方面着手：一是培养成随时记录的习惯；二是果断地采取

行动；三是善于利用电话来办事；四是尽量避免与人杂谈；五是多多利用空闲时间；六是留意与工作有关的事；七是遵循"要事第一"原则，先做重要的工作；八是寻找可能的替代者；九是做到劳逸结合。

时间就是生命，时间就是效益。学习时间管理，让你更有效管理你的时间，让你的工作事倍功半，提高工作效率，提升执行力，提升自己的领导力。

【大平心语】

用任务管理时间，很忙；用目标管理时间，有序；用梦想管理时间，有劲；用大道管理时间，常乐。

细节与全局

关于细节与全局的理解见仁见智，人们也在实践中不断探索总结两者的关系。总地来讲，主要有以下两种不同的观点。有人认为全局比细节重要，我们应该抓大放小，侧重整体；但又有人认为细节决定成败，细节才更重要。关于两种不同观点的争论一直存在，在工作和日常生活中也困扰着好多人，成为追求发展的绊脚石。

当前，细节决定成败的管理理念仍然是绝大多数企业奉行的准则，但是再进一步地思考：既然是细节决定成败，那么什么决定细节呢？

有一个企业老板找到咨询公司的咨询师,倾诉了自己内心的"苦楚"。因为他的企业最近一段时间经营状况不好,他认为主要原因是他的企业团队老化,做事浮躁,不能把具体的事情做好,才导致出现这种每况愈下的经营现状。这位老板希望咨询师能去给企业的团队做封闭式培训,好好给这帮浮躁的家伙们"洗洗脑"。

咨询师按照老板的要求,对该企业进行了培训前的专项调研,发现存在的问题并不是老板反映的团队老化、做事浮躁,不能把具体的事情做好,而是出现了老板不能"正确做事"的问题,导致执行团队的努力成为无用功,或者是南辕北辙,执行团队也是怨声载道。

经过进一步的深入沟通,咨询师发现该企业的老板是一个事无巨细的"管家婆"。因为主要精力全部消耗于日常工作,导致老板对自身决策的职责缺失,老板也是只顾低头拉车,忘了抬头看路。比如,企业的执行团队认为,企业的细节已经做得非常好了,可以说生产成本控制到行业最佳状态,产品质量没有任何瑕疵。但就是产品跟不上市场的发展,产品的市场适应性和竞争力非常差,这意味着再好的细节,执行团队拼尽全力地工作也无法从根本上解决产品畅销的问题

这个企业老板面临的问题不是偶然的现象。事实上,企业的方向性问

题,不是企业团队的执行力问题,更不是做好细节的问题。当企业的决策方向出现了问题,或者企业的决策无为时,无论员工如何努力,如何注重细节也不能从根本上改变事情失败的根源。

管理学有一个著名的理论是"合成谬误"。而合成谬误最容易出现在细节管理上,每一个细节做得都非常好,但这些做得非常好的细节没有服务于全局,单一地看每一个工作都是正确的,都无可挑剔,但是这些非常好的细节工作并不能构成一个完整的全局,也无法形成一个良好的结局。

我们要用辩证统一的眼光看待细节与全局,两者是相辅相成的。关注细节的本身是希望员工能够认真做事,态度正确,充满激情。但我们也必须明白,一件事情的成功、一个企业的成功,固然离不开关注细节,更重要的是方向和全局,离开正确的方向和全局,细节就无从谈起。

细节决定成败,全局决定细节。只有谋全局、驭细节,才能赢得未来!

【大平心语】

只看细节影响全局,只看细节困难重重,只看细节很难沟通。看全局细节好定位,看全局细节有生命,看全局细节相关联。

价值与价格

价格是商品同货币交换比例的指数，或者说，价格是价值的货币表现。价值是凝结在商品中无差别的人类劳动，即产品价值。

有一年冬天，齐白石老人见门前卖白菜的老人生活艰辛，他便在屋里画好一张"白菜"，他想用他画的白菜去换老农的一车白菜。齐白石问菜贩："一车菜多少钱？"菜贩说："十元。"齐白石说："我给你画幅白菜，换你一车白菜，干不干？"菜贩不知道齐白石画的价值，怒气冲冠地说："你拿假的白菜换我真的白菜，你以为我傻啊！"一段误会之后，卖白菜的老人方才识货，知道此画的价值后喜出望外，带着这张画兴高采烈地回家了。

这个故事告诉我们，在客户不了解你产品价值的时候你所有的价格都是没价值的！在顾客不知道产品价值之前，所有价格都是高的，因此要成交就和客户讨价产品价值。

具有不同使用价值的商品能够按一定比例相交换，如 1 只羊之所以会有 20 尺布的交换价值，是因为它们之间存在着某种共同的、可以比较的东西。这种共同的、可以比较的东西就是商品生产中的无差别的人类抽象

劳动。

商品的价值表明：第一，商品必须具有使用价值，才会有价值，使用价值是价值存在的物质承担者；第二，价值是由具体劳动和自然物质相结合创造出商品的使用价值，抽象劳动凝结在商品中才成为价值；第三，价值是看不见、摸不着的，它只有在商品交换中，通过一种商品与另一种商品的相互对等、相互交换的关系才能表现出来，价值是交换价值的内容，交换价值是价值的表现形式；第四，价值是商品的社会属性，它体现了商品生产者互相交换劳动的社会关系。

商品价值和商品价格既有联系又有区别。区别在于，价值是价格的基础，价格是价值的表现形式。联系在于：价值决定价格，价格围绕价值上下波动。

商品价格是商品的货币表现，由于受价值规律支配和其他因素影响，从某一次具体交换看，商品价格和它的价值往往是相脱离的；但从较长时间和整个社会的趋势上看，商品价格仍然符合其价值。

价值决定价格，价格表现价值在不同社会形态里的情况是不一样的。在资本主义条件下，价值规律自发地起调节作用，价格更多地受市场供求关系影响；在社会主义市场经济条件下，商品的价格受价值规律的自发调节外，还要受国家自觉运用价值规律进行宏观调控的约束。

【大平心语】

价值关注实质，价格关注多少；价值关注长久，价格关注眼前；价值关注全局,价格关注局部;价值关注生命,价格关注生活;价值关注使命,价格关注业务。

原则与灵活

原则指导我们的决策,但是原则无法面对变化的世界,否则原则会变成束缚,因此原则需与灵活性相结合。这个灵活性就是灵魂,灵魂里面有两个东西,一个是慈悲,一个是智慧。慈悲里面有平等、大爱、责任。智慧里面有变通、整合和方向。

慈悲是指常常关怀别人,替别人着想,并能体谅和包容别人。慈悲里的平等强调众生的平等。比如家人是今世离自己最近的人,跟自己最亲,他们是最需要自己关心照顾的众生对象之一,所以我们要关心他们,照顾他们。慈悲里的大爱是大众心理健康的根本,如能心理健康快乐,身体也会健康快乐。如果心灵遗弃了大爱,那么自身也将缺失爱与慈悲的健全。慈悲里的责任,比如做儿女的,有责任尽孝道。

智慧是指善于明察秋毫,并能通情达理。若想得到人生的智慧,就要在一切人、事、物中去体悟变通、整合和把握方向的奥妙,掌握其中的规律。比如变通,生活的旅途不可能是两点一线的一帆风顺,或多或少的挫折和困难,有时并不是执着能够解决的,它需要我们用灵动、变通的智慧去克服。

其实,原则与灵活永远是一对矛盾体,但没有绝对的对立,只有统一起来才能和谐。做事情讲原则应该是件好事,比如企业有制度就应该按照制度去执行,这也是培养企业执行力。但执行力与绝对的制度、原则还不完全一样,因为时时处处搬用制度,会变得很教条。最重要的是执行力,它是指执行一个制度、或者一个原则、或者一个方案的时候,把事情做正确,绝不是因错而错、一错再错。过分强调或依赖原则或者制度性,是不能有效地培养出执行力的。

某公司有一项运行了若干年不合时宜的行政制度,即任何人都不得享有接送机场的待遇,即使是早晨5点出发,或是夜里2点到达,除非有尊贵客人随行或者有非常笨重而昂贵的随身物品。该公司不仅地处偏僻、公交体系匮乏,而且距离机场达35公里。新来的行政经理根据实际情况做了调整,在车辆允许的前提下,对于不满足上述条件特殊时段的人给予接送,如半夜1点至凌晨6点的出发或者到达。这样做的问题来了:往返机场的高速路桥费被财务拒绝报销。财务负责人说"一切按照制度办事",同时告诫,如果想变,必须先建立制度,得到相关领导审批和公示后才能生效。结果,公司许多中高层表示,以后出差就直接从家里出发,不来公司了,若是从外地回来,坚决不坐下午或者夜晚的飞机,宁愿多住一天也要确保不会半夜到达。

这家企业还规定,任何人不得报销的士车票,但可以派出车辆从广州出发到珠三角地区的附近城市。就拿去深圳说吧，假设一个人出去办事，派一个车的成本是过路过桥来回130元，烧油150元，司机工资和磨损350元，加起来是630元，若是让员工坐火车去，来回车票140元，在市内坐公交和打车至多100元，总和不过240元。孰多孰少一目了然，但因为不能报销的士票，公司宁愿派车跟随，员工就养成了不派车不出门的习惯。再仔细想一想，除了教条，还隐藏了一个对原则的破坏：派车究竟谁说了算？谁最能根据实际情况做出当下最合理的判断？财务是不是管得过宽而忽视了其管理本质？财务是不是在"严格执法"的同时也剥夺别的部门的职能？

后来，经过一年左右的辩论和商讨，相关制度做出了适当调整，公司开始彰显人性的光辉，效率高多了，一心向着企业的员工开始真正能够以企业为家了，公司开创了新的局面，新事业蒸蒸日上。

凡事都绝对依靠原则和制度性是解决不了问题的，除了人们被压抑和扭曲外，就是消极怠工、流程漫长、效率低下。事实上，这个企业就是这样，这就验证了看企业先看行政和财务的说法。其实，只要我们仔细想一想就知道制度不能帮我们解决所有的问题。一是制度不可能面面俱到，有时候会无制度可依照。二是人有主观能动性具有灵活因素。这就是为什么很多优秀的企业除了有非常完善的制度体系外，还需要非常高素质的人处在相关的岗位去做领导的重要原因，很大程度上就是根据制度灵活地解决

问题。否则，任何企业都可以拿哈佛、微软、通用的制度体系，稍加改变，强制地放到各个部门运作，各领导岗位一味执行，这成本多低，但只有傻瓜会这么想，只有更大的傻瓜会这么做，企业不是原地踏步就是玩完，那是必然的，因为根据常识大家都想得到。

过分强调原则或者过分强调灵活的人，都是因为自我中心的需要，最终结果都是走向其对立的一面。强调原则或者灵活而能够强迫执行并畅行其道的人，代表的往往不是自己，而是幕后另有其人，原因可能是企业管控的需要。

在企业管理中，究竟该如何做，才能够不至于让原则或者灵活跑偏，并且还能够朝有利于解决问题、改善、提升效益的方向和谐运用、相得益彰呢？其中的核心价值观应该是企业的一个宪法和尺度，任何偏离价值观的做法，无论你是在坚持原则、坚持制度，还是坚持灵活，都是错误的。

【大平心语】

智慧，就是在弹性里面坚持原则（度）。

"抓"事物不是控制

抓，一看字眼，我们常常想到的是"控制""占有"。的确是这样的，在生活中，我们很乐于去抓住这个抓住那个，企图通过抓，达到自己的小我目的。殊不知，抓这个抓那个的同时，失去的远远不止手里抓的，或是根本就抓不住，例如时间。

还有一种抓是一种产生，它不是控制。它是道的层面的"抓"。这种"抓"，又何尝有人愿意去付出呢？首先，是因为它难度更大，需要修行自己；其次，是因为它抓的是本质，需要悟性与历练；再者，是因为它因人而异，无法标准化，一定要定性一下，那就是需要慈悲与智慧。

道的"抓"，是空有一体，是当下，是无限，是时空连接。比如，有一位管理咨询师问一位企业家："你与行业老大，最大的差距在哪里？"企业家答道："是研发与工艺。"这样的答案，其实已经很标准、很高大上。研发与工艺，被多少企业奉为"核心"。可是，听完这个答案，管理咨询师用禅宗的棒喝，呵斥了一句："你是个贱人！因为你没在道上！你被术束缚住了！"

行业老大，首先是思想与道的老大，而机会主义、投机主义的老大，也是三五年风水轮流转。跟行业老大学习，必须是思想与道的学习，这才是"抓本质"，才能目标产生方法，源源不断，涓涓而始流。

【大平心语】

人世间最快速的是人的思想，最缓慢的也是人的思想。

第八章 学习

人生的坚持，就是学习的坚持，就是一个修炼智慧的过程。生命之所以能够焕发光彩，是因为有了智慧。智慧不是简单的聪明，而是人生经验的积累，是学习和践行的果实。学习，是增强学习能力，选择智能型学习；是发挥好奇心的驱使作用；是多问几个"为什么"；是占领理论制高点；是实现企业间的文化统一；是珍惜"闻思修"缘分；是"信愿行"顿悟；是一书一世界；是打造气质；是教育之旅；是对知识的正确认知；是"无为"的智慧。学习了丰富的知识，提高了生存能力，才会有助于社会。

为学日益，为道日损

"学历不是最重要的，最重要的是学习力。"这是一句当下被大家甚是推崇的话。学历，只是证明一个人受教育经历的书面证明，并不能完全体现与代表一个人的能力多寡。那么，什么是学习力呢？

学习力即学习能力，是一个人对新鲜事物的认识与理解，包括接受能力。这里有两个层面：

一是知识型学习。知识的学习，是必要的，因为它是认知世界的基础，特别是理论知识的学习，是我们了解规律、探寻规律的工具。知识型学习，更多的是偏向"术"的层面，是一种量的叠加，是一种加法学习。如果过分追求知识的叠加，会陷入一种负担境地。举个生活中的例子，就如同我们备战高考一样，采取题海战术，最后很多人在那段期间，患上神经衰弱。所以说，知识型学习，累积到一定程度，必须过渡到智能型学习。

二是智能型学习。智慧学习，是学习能力的高级层次，智慧学习，本质上就是悟性。悟性，首先是举一反三，不是简单地照搬照抄的教条主义；其次，悟性是去伪存真，去粗取精，由表及里，由此及彼，是抓住事物本质与规律的学习；最后，悟性，是改变的速度，悟性并不简单地停留在听懂的层次，它还需要做到，进而养成习惯，塑造成信仰，最终进化为文明。智能型学习，是减法学习，甚至是除法学习，越学越简单，越简单越喜悦。

所谓"为学日益,为道日损",说的是求学的人,其知识要逐渐增加;而求真理的人,就要逐渐减少自己的主观意识、思维见解等。这正是智能型学习的主旨所在。由于人的主观意识和思维见解都有差异性、局限性,在寻求真理(即学习)的路上会成为障碍。而大自然的真理(即道)是无差异性的,所以我们求真理要逐渐减少自己的主观意识、思维见解。

【大平心语】

智能型学习,是一种修炼,是觉察、控制、磨炼。

好奇是学习的动力

好奇心是学习的最佳动力。强烈的好奇心能使人产生学习的兴趣。人只有对学习产生兴趣,才能从学习中体验到快乐,才会热爱学习并主动学习。

诺贝尔物理学奖得主、美国加州理工学院物理系教授查德·费曼天生好奇,自称为"科学顽童"。他十一二岁就在家里设立了自己的实验室。在那里自己做马达、光电管这些小玩意儿,还用显微镜观察各种有趣的动植物。当他到普林斯顿大学念研究生的时候,仍然保持着这样的好奇心。他还在其著作《别闹了,费曼先生》一书中讲述了自己念研究生时发生的一件事。为了弄清蚂蚁是怎样找到食物，又是如何互相通报食物在哪里的，他着手做了一系列实验。例如，放些糖在某个地方，看蚂蚁需要多少时间才能找到，找到之后又如何让同伴知晓；用彩线跟踪画出蚂蚁爬行的路线，看究竟是直的还是弯的。正是这些实验使他知道蚂蚁是嗅着同伴的气味回家的。

查德·费曼先生在物理学领域取得的巨大成就与他强烈的好奇心不无关系。如果我们想要一直保持浓厚的学习兴趣，就应该像查德·费曼先生一样保持自己的好奇心，鼓励自己在探索未知世界的过程中获取知识。

好奇心是与注意力有关的一种重要心理现象，有了好奇心才有继续观察、从中学习的可能。好奇心是构成智慧的一项重要特征，是学习的天然动力。对任何事物都保持一种强烈好奇心的人，兴趣往往十分广泛，创造力也特别强。这种人对大家见多了的东西表现出特有的好奇心和旺盛的求知欲，驱使着他不断学习。

学习本无底，好奇心使之！

【大平心语】

没有好奇心是衰老的表现。

"为什么"是个好工具

"为什么"是个好工具:世界上最好的提问工具是"为什么";孩子最好的探索工具是"为什么";反省错误最好的工具是"为什么";科学家发现规律的最好工具是"为什么";发现客户需求最好的工具是"为什么"……

有一种"为什么"是要为自己做的事情找个理由。当所做的事情与"小我"不符时,我们会问"为什么"要我来做?这种"为什么"是框,可能带来束缚。还有一种"为什么"是探索与好奇。这种"为什么"是开放,会带来机会与成长。

其实,世间之事皆是如此,凡事皆可问问为什么——

为什么有的人开店生意好,有的人开店会亏本?为什么有的人大家都喜欢?有的人大家都讨厌?为什么有的人富贵一生,有的人贫困一生?为什么有的人做什么事都那么顺利,而有的人办一件小事都难得很?为什么有的人身材特别棒,而有的人胖得路都走不动?为什么有的人想借钱总借不到,而有的人不开口你都想帮帮他……不管我们愿不愿意想想为什么,都一定有个为什么!只是面对真相,有时需要很大的勇气,它可能就是我们内心深处一直都在逃避而不敢且不愿面对的缺陷。

【大平心语】

思想相对有形，精神相对广大，有信仰，探索边界更大。

学习，是为了活命

我们每个人从一出生就在学习。学习说话、学习走路，再大一点就开始学习各种知识，大学毕业了，工作了，还要学习自己工作行业的业务知识。有的人一生只从事一种工作，即使这样，也要不断地学习业内的一些新的信息、新的知识、新的技能，否则过不了多久，就会被边缘化，以至于出现生存危机。不爱学习就不能活命！

学习的好处是：第一，掌握知识，第二，提高学习能力，第三，提高社会生存能力。不爱学习能不能活命？这还要看你给自己留下多少生存资本。

灾难是以色列人最好的老师，一千多年在世界上颠沛流离，无法回避，为了生存必须承担责任，去冒险。他们必须学习，学习不是为了工作，而是为了活命。这就是为什么犹太人获诺贝尔奖的人最多，犹太人最有钱，犹太人创新能力最强。

在可以学习的时候，要尽量努力学习，毕竟学习是人生的第一要务。

21世纪是一个速度、多变、危机的时代。在这样一个瞬息万变的时代，不学习是不可想象的。只有学习才能活命，你会有很多收获，会受益一生。

其实，学习除了重要，还有一个如何学习的问题。有的人以为自己已经掌握了很多知识、技能，当面临新的问题时才发现：原来自己学习的东西已经过时了，根本就用不上，甚至和现状格格不入。学习，应该是学一种思路、一种方法、一种成功的方法，而不是学具体的知识。

人类发展到今天，已经积累了几千年的文明、几千年的历史，如果我们都去学恐怕一辈子都无法学完，更不要谈自己的发展与创新了。当然，一定量的知识积累是必需的，这个任务在学生时代就应该完成了，以后的学习就是学习思路和方法了。具体点说比如我们在生活中做一件事情，不管是大事还是小事，在做之前，我们是不是应该想想用什么方法去做是最简单最省事最有效的，就是用最短的时间最简单的途径取得最大的成功。这就是方法，这就是思路！

【大平心语】

学习应该从小事开始，把一个小事琢磨透，再去放大。

理论才能占领制高点

很多人认为，理论都是虚的，理论不及实践，实践占据更高地位。唯物辩证法中的"物质与意识的关系"也在论证这一观点。我们且不辩论观点的正误，因为"二元"的思维本身就是一种局限。我们接下来尝试从另外一个角度，来分析下"理论"的重要性，或许会对我们对于"理论与实践"产生新的见解、深刻的认知。

理论，是更高层级的实践。用实践指导实践，会陷入细节，"不识庐山真面目"。不懂得理论的提升，会失去方向性，盲目地劳作，最终一无所获，或是事倍功半。

理论提升的最高境界，是空性，空有一体。空有一体，才能产生无穷的力量。

执着于实践，执着于有，顶多就是高级工程师；有了自己的理论，用理论来指导实践，是高级设计师。企业或组织的高层，应该扮演设计师的角色，而不是工程师的角色。

设计师，需要有理论，理论通过整合，形成思想体系，有了思想体系，就如同有了瞄准器：战略瞄准、战术瞄准、战斗瞄准。三个瞄准器相互交叉，有机统一，无论准确性还是效率，都会有很大的提高。聚焦，是理论的魅力。

【大平心语】

理论的最高境界是实践，实践的最高境界是理论。

文化与资本

大鱼吃小鱼，快鱼吃慢鱼，是当今社会的写照。无论我们称这个时代为信息化时代，还是智能化时代，离开资本运作，一切都是空谈。资本大佬的兼并收购如火如荼，但如果不能收复人心，几乎等同于地理意义上的圈地。也就是说，资本的兼并收购，是硬性兼并收购，如果没有文化的渗透，肯定实现不了软着陆。事实上，思想的版图比疆土的版图，更加具有渗透力与持续性。

资本是躯干，文化是血液。没有血液，人体无法鲜活；失血过多，人体会有生命危险；贫血体质，容易患病。资本是散沙，文化是双手。没有双手，垒土无法搭建九层之台；双手太松，抓不住沙子；双手太紧，沙子流失于指缝间。文化是度的智慧，是节奏的演绎。资本是船，文化是水。水涨船高，没有水，船只是停靠陆地的装饰物。水可载舟亦可覆舟，文化的控制比资本的控制更重要，更需要智慧。

在经济全球化的今天，没有实现文化的大一统，就妄想跟人家竞争或是合作，哪里进得去圈子？进不了圈子，谈何落地？所以在兼并过程中，文化的力量不可小觑。实际上，单个企业的小文化的力量比兼并后的企业的大文化的力量大，与大文化相融合的小文化，应该推崇；与大文化相抵触的小文化，必须制止。凡是小文化有问题的，大文化也肯定需要改善。

资本，是一种工具，资本不是目的，文化才是我们的目的。当然，文化更是一种过程，文化是进化。文化是成果，文化更是强大的生产力！

【大平心语】

文化的核心，是内在的流程，即文化的规则。

闻思修：学习三缘分

闻思修是学习的三个缘分。闻，能有缘分听闻智慧，特别是大德的智慧非常难得，要珍惜；思，听闻智慧的人中只有百分之十的人去思索，思索就是消化，但许多人听了就过；修，思索后的人只有百分之一的人去修，这其中只有极少的人坚持下来了。修行的路上从来就是孤独的，人生得一知己已经足矣，真正的知己是自己。这三种力量交互作用，产生变化无穷的自然生态。

修学佛法也有闻思修三大次第。闻，谓听闻佛法，包括研读佛典、听讲经说法等，由此可知晓佛法，得"闻慧"。次则由闻而思，思，谓对所闻法思索理解，由此得"思慧"。次则依思慧而修行，由修行证得"修慧"，以修慧断尽烦恼，证得道果。闻慧由闻而成就，要想获得闻慧，前行是听闻，由闻法就会成就闻慧；思慧是由思维所成就，不在思维上下工夫，思慧就

无从产生,故思慧的前行是思维,由思维便能成就思慧;修慧由修习而成就,即由串习而成。简言之,由闻而思,由思而修,由修而证,乃修学通途。

佛法的闻思修和学习的闻思修有异曲同工之妙。

【大平心语】

真正的缘分是自己,真正的缘分是发愿。

一书一世界

朱光潜说学问不只是读书,而读书毕竟是学问的一个重要途径。冰心说"读书好,读好书,好读书"。高尔基说"书籍是人类进步的阶梯"。为什么伟人们都如此钟爱读书?读一本好书,是在和一个伟大的灵魂对话;读一本好书,是在接受高尚精神的洗礼;读一本好书,是在享受一种希望曙光的沐浴,是沉浸在一个美好的世界,乐不思归。

因为读书,我们知道了梦幻神奇的花果山,结识了除暴安良的梁山好汉,看到了大观园内一个家族的兴衰……因为读书,我们开阔视野,我们活跃思维,我们展望明天。

维也纳犹太记者赫茨尔1895年撰写的《犹太国》一书,提出了犹太复国主义的理论和纲领。在他领导下,1897年在瑞士巴塞尔举行了第一次犹太人代表大会。大会通过:在巴勒斯坦建国,会上成立了以赫茨尔为主席的世界犹太复国主义组织。1947年11月29日，联合国通过决议，决定在巴勒斯坦分别建立阿拉伯国家和犹太国家。经过约50年的努力，1948年5月14日，以色列建国。赫茨尔给了我们又一个世界。

因为读书，我们走进了一个又一个伟人的世界，与一个又一个高尚的灵魂对话，仿佛走到了山顶云端去净化自己的灵魂。拂去心灵的尘埃，让那一缕阳光染上睫毛，照进瞳孔打进心里，让那高尚的精神在我们的心里扎根发芽，直到它变成我们的自觉行动。

多读一本书，便多走进了一个人的世界，便多了一份阅历，便多了一种思维。

【大平心语】

发愿产生理论，理论产生组织，组织整合资源，相信产生奇迹，一书立一国。

读书改变气质

苏东坡说："腹有诗书气自华。"曾国藩说："人之气质，由于天生，本难改变，唯读书可变化气质。"高尔基说："学问改变气质。"的确，一个人的气质、智慧、修养与成功，往往跟长期、大量的读书是分不开的。山有玉则石润。一个人长久读书，含英咀华，气质自然得到美化。

　　事实上，读书体味得深的人，一定是心智高度集中的人。由于心智的高度集中，因此读书人的精神和肉体得到不断的积累，他的精气没有一丝一毫的涣散，一天比一天充实、丰沛和完善，日有所得，月有所获，年有所成。久而久之，在他心中便养成了一股浩然之气，这浩然之气又作用于他的身体，使他的生活有理、有序、有节。所以，读书体味深的人，一定是很有气质的人。

　　读书的过程，就是再造生命的过程。西方有句谚语，"人如其所读"。读书学习，是完善自我的关键所在。只有不断读书学习才能弥补自身的不足，才能使自己丰富和深刻起来。当一个人专注于读书，读过很多好书之后，久而久之，耳濡目染，崇美向善的文字丰盈了心灵，书情雅意博大了胸怀，知识的文明熏陶了至纯至真的情感，思想情操就会提升到一个新的境界，就会潜移默化地改变着自身的气质：目光变得更加清澈有神，面庞更加柔和宜人，表情也更加富有韵味，举止也更加优雅得体。这种气质美比起外表美来要耐看得多，正如伏尔泰所说："美只愉悦眼睛，而气质使灵魂入迷。"

　　当然，读书改变气质，并不是一朝一夕的事，也不是买几本书做做样子，或者随便读几本流行小说便能立竿见影的。读书，应当是一种耐得住寂寞的习惯，是一种坚持不懈的学习积累，是一个长期修炼的过程。只有把读书当成工作的补充，当成生活的一部分，当成与吃饭睡觉一样的需要，经年累月、不断地汲取书中的营养，开阔视野，启迪思想，陶冶情操，积累智慧，才能真正澄澈自己的心灵，升华思想境界，从而美化自己的气质。

【大平心语】

读万卷书不如行万里路，行万里路不如阅人无数。阅人无数，就是读人心，读人心其实就是读自己。

教育之旅

以色列已经建立起四位一体的教育体系：宗教教育、家庭教育、学校教育和军队教育。

宗教教育是生命教育。犹太教是犹太人的生命基础，《塔木德》是犹太人的生命教科书，犹太人在世界迁徙2000多年没有被打散，没有宗教的支撑，是无法实现的。

家庭教育是启蒙教育。犹太母亲是孩子的启蒙老师，她们教育孩子要读书，要有理想，她们尊重孩子的兴趣，鼓励孩子提问，孩子回家父母会问"你今天提了什么问题"，而不是学了什么。

学校教育是融合教育。有了宗教和家庭教育做基础，学校教育是融合，孩子们带着自己的兴趣和个性相互融合，学习科学知识，锻炼动手能力，大量参与课外活动，老师教授孩子如何学习，启发孩子的学习兴趣，而不是生搬硬套。

军队教育是磨练。以色列的高中毕业生必须服兵役,男性是三年,女性是两年,军队磨练他们的意志,培养团队意识。军队是以色列教育最后一个阶段,军队教育让以色列的孩子经历生死考验,迅速承担国家的责任,这是以色列国家最有特色的教育。

其实,在世界范围内,任何形式的教育,其终极目的都是为了生命的鲜活。以色列的教育及其体系亦是如此。

教育是什么?教育就是在你忘掉学过的那些知识后剩下的那点东西。教师倾囊以授的知识在学生的心里能留存多少,或者留存多久是无关大碍的。相反,教师在学生的生命中打上的印记——也就是通过知识而融化学生的生命、滋润学生的灵魂是永远不会被遗忘、被丢失和被抛弃的。

一位教育学家说:"知识只是教育的边缘,点化和润泽生命才是教育之核心、教育之根本。"让学生学会感动,让学生学有思想,让学生学出意义,让学生学得快乐。

教育的最高境界是使人对生命敏感。教育就是"激扬生命",用生命温暖生命,用生命激活生命,用生命滋润生命。

【大平心语】

教育的本质,是开放人的能量,增强人的幸福感,所以启蒙很重要。做好自己,是最后的教育。

别让知识牵绊你

我们常用博学多闻、才高八斗等字眼来称赞一个人的知识渊博。在我们的既定印象中,知识渊博是大家所崇尚与追求的。"知识改变命运",更是一句跨越时代的宣言。但是,时代的进步,对人提出了更高的要求。从另一个角度讲,知识改变命运,不能说是假命题,但是至少已经不是真命题,换句话说"知识改变命运"的概率越来越小、难度越来越大。知识已经成为必需品,而不是奢侈品。

知识,是一种工具,它不是人生的终极目标。工具,就会有更新换代,落后了终究要淘汰。知识,是框框,尤其是技术性知识,更使很多人深陷其中而毫无察觉。

知识越多越容易被局限。这里既有知识本身需要更新的原因,更重要的是人的心理因素在作祟。

知识越多的人,多半有自我优越感。自我优越,往往是对过去"丰功伟绩"的迷恋。其实迷恋过去的成功,终究会造就沦落,因为成功是一个过程,不是结果。自我优越的人,很多都是活在过去,缺乏危机感,把握不了趋势。在下一个浪潮到来时,自然会随波逐流。

基于自我优越,知识越多的人,往往会体现出高度的控制欲。认为自己才是对的,认为自己才是优秀的,认为自己才是全面的,认为自己才是

合适的,所以在他的管辖范围之内,一律要求按照他的意愿去思考,去执行,稍有闪失就风雨交加,一发不可收拾。控制,是扼杀创新的天敌。

知识越多的人,往往越会体现出完美主义情结。完美,就是框框,本来可以无限对接的时空,非要在上面盖一层天花板,低于天花板一寸不甘,高于天花板一尺不干。拆去天花板,白昼里可以欣赏浩瀚无边的苍穹,夜幕中可以仰望无限璀璨的星空,何不快哉!

知识越多的人,往往越会体现出强烈的是非观。是非黑白,是一种标准,标准是一个时间段的产物。是非,也体现价值观。在我们的实践过程中,的确要分清是非黑白,我们要尊崇"真、善、美",抵制"假、恶、丑"。

但是有时候一些事物不能用是非黑白来断定。首先,是非黑白是相对的,一切事物都是不断变化发展的;更重要的是,大局观重于是非观。大局观是智慧使然,是知识的无限次内化的过程。"无论白猫黑猫,会捉老鼠的就是好猫"说的就是这个道理!

知识越多越容易被局限,不是批判知识,是倡导正确的知识利用导向。别让知识牵绊我们前行的步伐!

【大平心语】

有时知识可能是框框,智慧更能抓住本质。

学习"无为"的智慧

"无为"是《道德经》中的哲学理念,是中国道家文化核心思想。对"无为"有深刻理解的老子,可谓"一人正而化天下正"。他认为,无为不是无所作为,不是无所事事,而是不做无效的工作。不该干的不能干,该干的必须干,不能反着来,不然就违背了道。

无为作为中国道家文化核心思想有五层重要哲学意义:

第一层意义:遵循事物的自然趋势而为,不争,即是无为。所以老子说:"圣人之治,虚其心,实其腹,弱其志,强其骨。"要百姓休养生息,让百姓填饱肚子,强壮骨骼,专心做事,能够不争安乐。

第二层意义:无为就是能放得下,有所不为。只有"有所不为"才能聚集精力有所作为,这就是道家的执一、贞一、守一的思想。

第三层意义:无为境界是谦卑者修行的境界,是顺应万物,以顺其和。自然和谐的语言与行为表达,是通往成功的必由之路,是圣人教化世人守弱、不争、快乐,达到"无为"。

第四层意义:道家主张"顺其自然",认为法律(法和法律有不同,法好比物理,而法律则是人为)是对人类的束缚,要全部舍弃;法家则主张要用法律去惩治人,认为人类本性顽劣,要用权威去治天下。

第五层意义:无为,道家的核心概念之一。道家自然分"创造自然的

自然"和"被自然所创造的自然",前者比后者高,是后者的否定,因为它用"人为"否定了"自然"。但它也是同一个自然的"自否定",因为"人为""创造"也是自然,而且更加自然,所以它是自然的"本质",也是真正的自然。道家的"自然"概念中的两个层次,即"无为"层次和"有为"层次。然而只有自然无为的自然才是最自然的,因为只有建立在自由意志之上的道德才是真正的道德,才是道家所提倡的道常无为法自然。

"无为"被道家认为是"道"的重要特征之一。其不是指不作为,而是指不做不经过深思熟虑、无目的的行为。根据处理问题不同,"无为"的态度既可用于政治,也可以用于修身。道家各派在坚持"无为"本质的前提下,通常给予了"无为"更丰富的内涵。

【大平心语】

无为,是自然,是道与规律。无为,不是不作为,是顺道(自然)而为。

后 记

《寻找自己》大部分是"心灵之旅"精品班的内容，这些年，我们游走于祖国大好河山之间，实地感受了五千年中华文化的博大精深。以万事万物为道场、以"儒释道"为主轴，结合个人、家庭、事业、政治、经济、军事、科技、文化等主题，探索人性的规律，发展的规律。

我们探索了一条全新的学习修行之路：

课堂是流动的，博物馆、寺庙、风景区、大街小巷都是课堂。

主题是流动的，修行、事业、家庭、国家、科技和文明都是主题。

智慧是流动的，人人乐参与，个个爱分享，处处见智慧。

创新是流动的，时时在变化，处处有超越，人人有中心。

喜悦是流动的，用心交流，本质互动，彼此在加持。

几年来我们以家人相称，相互珍惜，彼此关照，我们在个人、家庭、事业等方面都发生了意想不到的变化，有的同修还形成了自己的思想体系。

　　我们体会到了内求是认识自己唯一有效的途径，觉察是认识自己的第一步，发愿是连接世界能量的前提，舍得是不断循环的密码，修行是人生的头等大事，修行让我们既享受当下的幸福过程，又不执着未来的发展结果。

　　认识自己是世界上最困难的事情，也是最有意思的事情，希望我们的经历能给有缘人带来一定的启发。